KB203823

유례가 없는 특이한 구조로 엮어진 독특한 책이다. 종교철학을 전공한 신학자 아버지와 철학을 공부하는 아들이 기억, 타자, 사랑, 신체 등 신학과 철학의 기본 주제들을 중심으로, 아버지는 신학 고전을 아들은 철학 고전을 골라 편지 형식으로 번갈아 다룬다. 두 분야의 고전들을 일반적으로 소개하는 것이 아니라 핵심 주제들을 뽑아 그들을 다루는 양분야의 고전들을 이해하는 데 도움을 준다. 굳이 기독교적인 결론을 내리려고 애쓰지 않아 자연스럽고 아들의 철학적 사고 능력이 돋보인다.

손봉호 | 고신대학교 석좌교수

작가로 사는 나에게는 '읽고 싶은 책'이 있고, '쓰고 싶은 책'이 있다. 이 책은 읽고 싶기도 하고 쓰고 싶기도 한 책이다. 읽고 싶은 이유는 보석처럼 빛나지만 읽기에는 어둑하기만 한 고전들을 훤히 밝혀 신앙으로 이끌어 주기 때문이고, 쓰고도 싶은 까닭은 부자가 서로 주고받은 대화와 사랑이 마냥 부럽기 때문이다.

김용규 | 《신》, 《철학 통조림》 저자

세대 간의 단절이 깊은 시대에 부자간의 대화만으로도 충분히 눈길을 끈다. 신학과 철학의 만남이면서 고전과 현대의 상황을 연결시키는 대화의 주제들은 하나하나가 가볍지 않다. 하지만 부자간에 이어지는 대화는 독자로 하여금 곁에서 엿듣게 하는 듯한 느낌 때문인지 곧 책 안으로 빠져들게 한다. 선동과 구호로 가득한 시대, 좀 더 진지한 신앙의 길을 걷고자 하는 이들에게 꼭 추천하고 싶다.

이규현 | 수영로교회 목사

일찍이 우리 지성사에서 이런 대화를 나눈 아버지와 아들이 또 있었을
까? 신학자요 목회자인 아버지는 걸출한 신학자들의 책을 대화의 근거
로 삼아 아들에게 말을 건네고, 철학도요 작가인 아들은 묵직한 철학자
들의 개념을 통해 응답하고 있다. 아버지가 '덩' 하면 아들은 '더쿵' 장
단을 맞춤으로 신명을 더한다. 대화의 주제는 존재와 역사와 사상을 두
루 꿰뚫고 있다. 수없이 많은 가지와 덩굴로 얽힌 개념의 숲을 그들은
지성의 칼로 내리쳐 길을 열고 있다. 그 솜씨가 가히 일품이다.

카프카는 일평생 '아버지'라는 상징과 싸웠다. 아들이 독립적인 존재가
되기 위해서는 아버지의 세계를 떠나야 한다. 떠나지 않는 아들은 아버
지의 걱정거리이다. '사랑하는 아들아', '아빠'라는 가족 간의 친밀한 호
칭으로 대화가 시작되지만 이후에 전개되는 사유의 전개는 치밀하기 이
를 데 없다. 아버지는 아들에게 배우고 아들 또한 아버지의 눈을 통해 사
유의 칼을 벼리고 있다. 멋지다. 아버지와 아들의 관계가 진리를 향한 순
례길의 도반이 될 수 있음을 이들은 보여주고 있다. 이 책을 읽으며 많은
이들이 인생이라는 험로를 뚫고 나갈 지혜를 얻을 수 있으면 좋겠다.

김기석 | **청파교회 목사**

선정한 책부터 놀랍다. 종교나 동서양의 이항대립을 해체시키는 사유의 흐름이 잎새 위를 구르는 이슬마냥 자유롭다. 자유로운 서간체는 근엄한 틀을 부수고 진실을 향해 돌진한다. 아무리 어려운 책도 두 인격의 만남 앞에 무장해제된다. 세상의 모든 책을 읽고 이해했다는 다니엘의 성실이 대화 사이에 충만하다. 글 뒤에 실린 '함께 읽고 싶은 책들'은 생각을 두텁게 한다. 이 정도 학문이 아니더라도, 세상의 모든 자식들과 세상 모든 아버지들이 이렇게 편지를 나눈다면 얼마나 아름다울까. 부러우면 지는 거라는데, 지지 않는 척하며 몇 권 사서 선물해야겠다.

김응교 | 시인, 숙명여대 교수

다양한 주제와 텍스트를 통해서 아버지와 아들이 길어 올린 사유와 체험의 기록이 담겨 있습니다. 같은 책을 읽어도 모두가 동일한 흥미와 효력을 주지 않는 것처럼 그들의 대화는 각자만의 고유한 생각과 떠오르는 질문과 문제의식을 나눕니다. 때론 공통의 화두를 다루면서도 서로의 관점과 상상, 논리로 설득합니다. 부자의 대화는 독자로 하여금 저절로 함께 사유하는 지적 여행이 되게 합니다. 읽고 쓰는 것으로 친구처럼 소통하는 아버지와 아들의 밀도 높은 이야기에 꼭 동참해 보세요.

서자선 | 광현교회 집사, 독서활동가

'아버지와 아들이 고전 읽기를 통해 주고받는 인문학 편지.' 〈복음과상황〉에서 "부전자전 고전"이라는 제목의 연재를 구상하면서 정리했던 문구입니다. 애초에 이 구상은 종교철학을 전공한 신학자요 목회자인 아버지와 20대 철학도 아들인 두 저자가 있었기에 가능했습니다. 아버지와 아들이 도타운 '글벗'으로 교유하고 교감하며 지적 자극과 격려를 이어 온 2년여 연재 기간 동안, 한 사람의 독자요 편집자로서 고전 읽기의 매혹과 자극에 이끌린 순간이 적지 않았습니다. 고전을 사이에 두고 세대를 뛰어넘어 소통하고 교류해 온 '고전 읽기의 대화'를 다시 한 권의 책으로 만날 수 있어 기쁘기 그지없습니다. 그 대화의 자리에 함께하는 즐거움을 누리시지 않겠는지요?

옥명호 | 〈복음과상황〉 편집장

아버지가 아들에게 끼치는 영향만큼 강력한 것이 또 있을까요? 어떤 사람에게는 아버지가 영웅이고, 어떤 사람에게는 애틋함과 연민을 불러일으키는 대상이기도 하고, 또 누군가에게는 원수가 되기도 합니다. 〈소설 25시〉로 유명한 콘스탄틴 비르질 게오르규는 사제인 자신의 아버지를 이렇게 기억합니다. "밤낮으로 계절을 가리지 않고 아버지는 달리고 또 달렸다. […] 검은 깃발처럼, 대천사의 날개처럼 그는 달렸다." 이 책의 저자 중 한 명인 아들 김희림은 그의 아버지 김기현 목사를 어떻게 기억할까요? 게오르규의 문장 초반부를 조금 비틀면 그 답을 얻을 수 있을 것 같습니다. "밤낮으로 계절을 가리지 않고 아버지는 읽고 또 읽었다."

아들은 아버지의 치열한 독서를 지켜보다가 자신도 그런 존재가 되었습니다. 이 책에 담긴 내용을 확인해 보면 그렇게 느낄 수밖에 없습니다. 폭넓은 인문 지식과 정갈한 글쓰기 능력이 화학적 결합을 이룰 때만 탄생할 수 있는 글들입니다. 축구선수들은 공을 가지고 패스를 통해 예술을 만듭니다. 그러나 이 책의 저자인 아버지와 아들은 글을 가지고 '티키타카'의 예술을 펼칩니다. 두 사람이 표현하는 문장의 깊이와 폭, 그것을 표현하는 논리와 전개, 그 안에 담겨 있는 풍성한 메시지를 한번 맛보십시오. 아버지에게 심겨진 지성의 씨앗이 아들에게서 꽃을 피운 희한한 광경을 목격하게 되실 겁니다.

김관성 | 행신침례교회 목사

이 책은 그저 따뜻하고 고상하기만 한 부자간의 고전 독서록이 아니다. 청년 철학자와 책 읽어 주는 목사 간의 편지답게 질문과 주제가 솔직하고 과감하다.

'아들은 아버지의 또 다른 자아일까, 아니면 타자일까. 개인의 도덕성이 먼저일까, 사회의 도덕성이 먼저일까. 무엇이 참된 사랑일까. 자유란, 진리란 무엇일까.' 흔히 철학적이라고 하는, 추상적인 질문이지만 아버지와 아들이 주고받는 이야기 속에 이런 질문이 던져지니 생생하고 날카롭게 벼려진다. 아버지에게서 아들로, 아들에게서 아버지로 장이 바뀔 때마다 긴장하게 된다.

아들은 동서고금의 철학을, 아버지는 성경과 신학을 뒤지며 노리개에 사뜨기 수를 놓듯 한 땀 한 땀 써내려 가는 문장이 정겹다가 문득 아연해진다. 읽은 문장을 또 읽으며 뜻을 새기게 된다. "제 삶 이전부터 존재해 온 이 낡은 책이 덧없는 것인지 그 앞에 놓인 제 삶이 덧없는 것인지" 묻는 아들의 질문이나 "완전한 평화와 정의로 충만된 이상적인 사회를 지향할수록 우리는 더 위선적이고 폭력적이 된다"는 아버지의 통찰이 그렇다.

"아버지 삶의 연장선에 있으면서 아버지에게 결코 동화되지 않는 이 아들의 모습이 주체가 죽음을 이기는 방법"이라는 레비나스의 말이 이 책에서 실현되고 있다. 그래서 이 아버지와 아들이 부럽다.

김지방 | 쿠키뉴스 대표

읽는 내내 저자 아빠가 부러웠다. 아들의 표현대로 "같은 듯 다르고 다른 듯 같은 우리가 얼굴을 맞대고 있는 이 모습"을 아들을 둔 아빠 독자의 눈으로 보고 있노라면, 동등한 위치에서 아빠와 대화하는 아들을 바라보는 아빠 저자의 미소가 자연스럽게 내 얼굴에도 걸렸다.

신학자 아빠와 철학도 아들이 인생의 핵심 질문(존재, 타자, 폭력, 국가, 정의, 사랑, 진리, 자유 세상, 학문)을 던진 후, 답을 들려줄 수 있는 '고전'을 소재로 이야기를 풀어낸다. 고전의 '고전 될 수 있는 이유'가 인생의 핵심 질문에 대한 성찰을 담고 있기 때문이기에, 이 두 저자의 시도는 적절했고 유익했다.

아빠와 아들은 서로가 고전을 통해 정리했던 인생 질문들의 답을 '따뜻한 설득'으로 서로에게 풀어냈다. 이 과정에서 고전의 핵심을 요약하고 재해석하며 그들이 갖는 고전에 대한 이해를 보여 주었다. 그들이 서로에게 들려주는 이야기에 귀 기울이며 고전이 재해석되는 것을 누렸다. 고전 속을 거닐며 찾은 인생 질문의 답을, 부자가 나누는 따뜻한 대화를 통해 듣게 되는 멋진 시간이었다. 책을 닫는 지금, 여전히 이 부자가 참 부럽다.

조영민 | 나눔교회 목사

아버지와 아들이 쓴 전작《그런 하나님을 어떻게 믿어요?》(SFC)가 자전거 타기를 처음 배우는 어린 아들과 아빠의 이야기였다면,《부전 자전 고전》은 훌쩍 커버린 아들과 아버지가 강변으로 라이딩을 떠나는 모험담입니다. 어디로 튈지 모르는 인간의 근원적 질문을 이정표 삼아, 부자는 신학과 인문학의 강줄기를 더듬으며 페달을 밟습니다. 부자의 정다운 담소에 미소 지으며 책장을 넘기다 보면, 깊게만 보이던 고전의 속내가 조금은 투명하게 내비침을 느끼게 될 겁니다. 이런 대화를 나눌 수 있는 아버지와 아들은 참 행복하겠다 싶다가도, 이들의 대화를 엿볼 수 있게 된 독자 역시 참 행운이구나 싶네요.《부전 자전 고전》, 명불허전입니다.

장민혁 | 유튜브 채널 "오늘의 신학공부" 운영자

부전 —— 자전 —— 고전

일러두기

◇ 이 책은 월간 〈복음과상황〉 2019년 1월호부터 2020년 10월호
"부전자전 고전"에 실린 글을 기초로 구성했습니다.
아버지의 편지는 김기현이, 아들의 편지는 김희림이 썼습니다.

◇ 성경 구절은 《성경전서 개역개정판》을 기본으로 했고,
다른 역본의 경우 따로 표시했습니다.

◇ 인용문에 표시된 쪽수는 '함께 읽고 싶은 책'에 소개된
출판사의 것을 따랐습니다.
'함께 읽고 싶은 책' 첫 줄에 진하게 표시한 책은
각 장에서 다루고 있는 핵심 도서입니다.

부전 父傳 —— 자전 子傳 —— 고전 古典

아버지와 아들, 책으로 말을 걸다 ——

—— 김기현 ✕ 김희림

홍성사.

차례

머리말

제가 철학과에 가겠다고 결정한 것은 고등학교 2학년 때의 일입니다. 그 결정을 아버지께 처음 말했던 날이 떠오릅니다. 아버지는 당시 제게 이렇게 이야기해 주셨지요. "네가 철학을 공부하려면 반드시 읽어야 할 철학자가 셋이 있다. 마르크스, 프로이트, 니체야. 이 세 사람은 철저하게 모든 것을 의심하려고 한 철학자들인데, 철학은 의심하는 학문이란다. 이들을 읽고 소크라테스처럼 모든 것을 의심하는 법을 배우렴." 그러고 나서 아버지는 멋쩍은 웃음과 함께 이렇게 덧붙였습니다. "허참, 목사인 아버지가 아들한테 이런 철학자들을 추천하네."

이 짧은 대화 한 토막이 이 책《부전 자전 고전》이 어떤 책인지 잘 요약하고 있습니다. 지금 여러분이 들고 계신 이 책은 목사이자 종교철학을 전공한 신학자 아버지와 철학도 아들이 신학과 철학의 고전을 소개하는 편지로 토론을 이어 온 흔적을 묶은 것입니다. 상당히 특이한 책을 집으셨다고 생각하고 계실지도 모르겠습니다만, 이 방식은 사실 저와 아버지에게는 무척 자연스러운 것입니다. 우리는 항상 늘 서로에게 묻고 답하고 배웠으니까요.

우리의 토론에 한계는 없었습니다. 설령 그것이 다른 사람들에게 기독교를, 신앙을, 교회를 부정하는 것처럼 들려도 말입니다. 오히려 그것이 의심하는 학문인 철학을 배워 말 그대로 모든 것을 의심하도록 아버지가 바란 것이었지요. 그 의심이 아버지 당신에게 향해도 말입니다. 목사의 아들로 자라면서 자연스레 몸에 밴 종교적인 것들도 제 의심의 눈초리를 벗어나지 못했지요. 그러나 아버지는 단 한 번도 제가 기독교와 신앙과 교회를 회의하는 것을 말린 적이 없습니다. 도리어 제가 끙끙대고 있는 그 의심을 더 증폭시킬 어떤 철학책을 꺼내서 제게 건네주며 더더욱 강렬하게 의심하라고 권했지요.

교회에 다니는 사람들에게 의심은 무서운 것입니다. 의심을 신앙의 상실과 일치시키는 경우도 많고요. 그러나 저는 정반대였습니다. 믿을 수 없고 받아들일 수 없는 것을 마주했을 때 끝까지 물고 늘어질 수 있는 지적 체력을 의심을 통해 기를 수 있었지요. 그런 의심 끝에 오히려 저는 태어나기 전부터 제 몸에 새겨진 종교적인 색채들을 한결 또렷하게 이해하고 받아들일 수 있었습니다. 모태신앙으로 자란 제게 종교는 선택할 수 있는 것이 아니었으나, 이제 제게 종교를 선택할 자유가 주어진 것입니다. 가랑비에 옷 젖듯 그렇게 저는 신앙을 받아들이게 된 것입니다.

　모든 것을 성역 없이 철저히 의심하던 끝에 저는 비로소 믿을 수 있었지요. 의심은 점점 호기심으로 바뀌어 갔습니다. 성경을, 신학을, 더 폭넓게 읽으려고 노력하면서 아버지와 더 깊은 토론을 이어 나갔지요. 그러나 우리의 대화는 학술 용어들이 범람하는 날카롭고 건조한 논의들이 아니었습니다. 우리는 서로에게 스승과 제자이고 신학자와 철학도이지만, 무엇보다도 아버지와 아들이니까요. 책장을 넘겨 우리가 서로에게 보낸 편지를 읽기 시작하면 이해하실 겁니다. 제아무리 난해한 인문 고전들을 인용하며 서로의 논지를 분석한다고 해도, 우리는 결국 부자(父子)라는 것을 말입니다.

　이렇게 긴밀한 부자간의 대화지만, 아버지와 제가 이 책을 써 내려가면서 이 대화를 우리 둘만의 것으로 만들고 싶었던 것은 아닙니다. 이름만큼은 유명한 이 고전들이 독자들에게 한 뼘 가까이 다가가길, 기회가 닿는다면 많은 사람이 책을 읽어 보기를, 힘이 닿는다면 이 책들을 교회 안에서 같이 읽고 나누기를 바라고 있거든요. 본문에 소개된 20권의 고전들에 대한 마중물 역할만 해주어도 이 책은 더할 나위 없이 성공했다고 확신합니다.

　글을 쓰는 과정은 늘 그렇듯이 참 고된 일입니다. 더구나 고전을 다루는 책이니 부담이 더더욱 컸습니다. 어렵기 짝이 없는 고전과 씨름하면서 논문과 참고서적을 뒤적이고 이제 이 책을 조금 이해했다고 생각했다가도 글을 새로 쓰는 정신없는 일이 참 많았지요. 그러나 이 힘든 글쓰기가 아버지와 저에게는 무엇과도 바꿀 수 없을 만큼 재미있는 시간이었습니다. 한 편씩 편지를 쓸 때마다 새로 배운 것이 너무 많아서 편지에 다 기록할 수 없을 만큼 깊은 배움의 시간이었습니다.

누구보다 가까운 아버지와 아들의 대화이면서 무엇보다 책과 글을 사랑하는 신학자와 철학도의 대화인 이 편지들을, 이제 여러분에게 부칩니다. 이 편지가 아버지와 아들의 애틋한 식탁 담화로 읽히기를, 또 20권의 고전으로의 초대장으로 읽히기를 바랍니다. 우리의 편지를 읽은 당신이 사랑하는 누군가에게 이러한 편지를 쓰는 날을 진심으로 기대합니다.

2020년 10월

김희림

1부

존재 ── 타자

폭력

국가 ── 정의

1. 내가 된다는 것

아우구스티누스의 《고백록》 읽기

사랑하는 아들, 너와 함께 편지로 고전에 관한 대화를 나눈
다니 꿈만 같다. 이젠 기성세대에 편입된 아빠는 이 편지를 통
해 너에게 조금 더 배우게 될 것 같구나. 수년 전 너와 함께 쓴
《그런 하나님을 어떻게 믿어요?》의 독자들도 우리의 대화를 환
영할 듯하다. 그때는 목사 아빠와 고딩 아들의 대화였는데, 이
제는 한층 심화된 내용을 나누는 편지가 되지 싶다. 신학자 아
버지와 철학도 아들이 인문고전을 소재 삼아 대화를 이어갈 텐
데, 아빠가 먼저 패를 보이는 부담이 있긴 하다.

첫 대화는 '내가 된다는 것'으로 하면 어떨까? '나는 누구
인가'라는 질문이야말로 가장 심원한 물음일 뿐 아니라, 오랜
만에 하게 될 아들과의 필답(筆答)을 생각하다가 '기다리는 아
버지의 비유'에 있는 단어들이 생각났거든. 〈누가복음〉은, 돼
지 먹이인 쥐엄 열매 먹던 그의 둘째 아들에 대해 "제정신이 들
어서"(새번역), "스스로 돌이켜"(개역개정)라는 표현을 쓰지. 헬
라어 원문을 직역하면, '자기 자신에게로 돌아오다'라는 뜻이
란다. 내가 된다는 것, 잃어버렸던 나를 되찾는다는 것은 곧 하
나님께로 돌아감을 의미하며, 하나님에게로의 회심은 곧 '자기
발견'이기도 하지.

너도 잘 알겠지만, 이는 철학의 근본 질문이기도 하구나. 철학을 전공하는 너는 사상가들의 사고를 따라가기 바쁜 와중에도 '나는 누구인가'를 계속 고민했을 거야. 델포이 신전에 써 있었다는, 소크라테스의 "너 자신을 알라"라는 말은 나는 누구인지를 묻는 것이고, 내가 누구인지를 아는 것이 철학과 인문학의 본령이겠지. 아우구스티누스도 그렇고, 근대철학을 열어젖힌 데카르트도 이 오래된 물음에 새로운 대답 혹은 방식으로 다가갔어. 그러니 이 질문으로 우리의 대화를 시작하면 어떨까?

성 아우구스티누스의 대표작 《고백록》(Confessions, 1654) 표지.

신 앞에 선 존재

고등학교 때 넌《이기적 유전자》를 비롯한 도킨스의 여러 책을 반복해서 읽으며 현대 생물학의 성취를 기반으로 인간과 동물이 어떻게 다른지 여러 차례 토론하고 글을 썼지. 그때 아빠는 신학자이자 목사로서 인간이란 동물이면서도 동물로 환원될 수 없는 고유의 존재성을 지닌, '신 앞에 선 존재'라고 말했어. 기억을 할지 모르겠구나. 그런데 신 앞에 선다는 건 뭘까? 성 아우구스티누스에 의하면, 신의 관점으로 자신의 전 생애를 해석한다는 거야. 이를 좀 더 파고들기 위해 불멸의 고전《고백록》을 들춰 보자꾸나. 이 책을 읽다 보면, 신 앞에 선 자의 구체적인 실재를 보게 될 것이고, 내가 된다는 것이 무엇인지 확인할 수 있을 거야.

《고백록》의 핵심 주제를 거칠게 등식화하면 '하나님 = 진리 = 행복 = 나'라는 항등식이 성립한단다. 아우구스티누스는 참된 기쁨과 행복이 진리 안에 있다고 단언한 다음, 그 이유를 이렇게 설명해. "참 행복이란 진리 안에서 기뻐하는 것이기 때문입니다. 그것은 곧 진리이신 당신 안에서 기뻐하는 것이 됩니다"(10권 23장 33절). 하나님이 삼위일체로 존재하듯이, 하나님과 진리와 행복은 하나인 게지.

행복을 줄 수 없는 냉담한 진리에 대해서도, 진리가 아닌 거짓된 쾌락과 행복에 대해서도, 그는 진저리를 치곤했지. 진리와

행복도 하나님 안에 있거든. 하나님 밖에는 진리와 행복이 없다
는 말인 동시에 설사 그런 것이 있다손 치더라도 하나님 안에서
만 진리와 행복을 추구하겠다는 결의인 셈이지. 왜냐하면 "당
신은 우리를 향해서 살도록 창조하셨으므로 우리 마음이 당신
안에서 안식할 때까지는 편안하지 않기"(1권 1장 1절) 때문이야.

　그런데 하나님, 진리, 행복도 기실 '내'가 있지 않으면 성립
조차 안 되겠지. 그 이유는 두 가지인데, 먼저 아우구스티누스
에게 문제가 되었던 것은 그 자신이었어. "나는 내 자신에게 문
제가 되었다"(10권 17장 26절)라는 말을 읽을 때마다, 왜인지 눈
물이 나. 그가 얼마나 힘들었을까. 우리가 직면하는 모든 문제
의 근원을 파고들면, 결국 '나'라는 잘 변하지 않는, 이 세상에
서 가장 좋아하면서도 가장 싫어하는 견고한 자아가 똬리를 틀
고 있지. 내가 힘겨워하는 타인도 '또 하나의 나'여서일 거야.
그런 아우구스티누스에게, 그리고 우리에게, 하나님 = 진리 =
행복의 소유격은 너도 그도 아닌 '나'(my)여야 하고말고.

　다른 하나는, 자기 자신을 알지 못하면 결코 하나님을 만날
수 없기 때문이야. "나는 내 자신으로부터 떠나 있었으므로 나
자신을 찾을 수 없었으니 하물며 당신을 어떻게 찾을 수가 있
었겠습니까?"(5권 2장 3절) 그가 거듭거듭 자기 자신이 되라고
외치는 것은 나를 창조하신 하나님을 만날 수 있는 유일한 지
점이 바로 내 안이기 때문이야.

'나'는 어디에?

그러면 나는 누구일까? 하나님은 어떤 분일까? 아우구스티누스의 독특성은 저 두 질문을 하나로 본다는 사실과 함께, 하나님의 존재가 아니라 하나님의 '자리'를 묻는다는 데 있어. 그래서 일본 신학자 가토 신로는 서구인과 달리 동아시아인에게는 신의 존재 여부 못지않게 '신의 자리'가 중요하다고 하지 (《아우구스티누스 고백록 강의》, 268-270쪽). 존재론에서 시작한 서구철학이 존재 여부를 따져 묻는다면, 관계론에서 시작한 동양철학이 존재의 자리를 중요시하는 것은 당연해.

아우구스티누스의 또 다른 독특성은 '기억'에 있어. 이건 《고백록》의 구조와 구성을 살펴보면 뚜렷해진단다. 1-9권은 자전적 스토리, 10권은 기억론, 11-13권은 창세기 주석을 통해 시간론을 전개하지. 나란 존재는 내가 살아낸 삶을 내러티브로 말할 때 알 수 있고, 나의 지난 이야기 자체가 나이기보다는 그것을 어떤 방식으로 기억하느냐, 즉 해석하느냐가 바로 '나'인 거지. 그리고 인생은 시간인데, 그 시간을 어떻게 보내느냐가 관건이지. 피조물로서 시간의 유한성을 인식해야 의미 있는 삶인게지. 인간은, 하나님의 영원한 현재의 관점으로 인간의 유한한 시간을 통과할 때 인간답게 살 수 있어.

아우구스티누스는 말년에 자신의 모든 저작을 다시 읽고 각 책에 대한 코멘트를 달았단다. 그에 따르면 《고백록》의 1-10권은 '나 자신에 대한 책'(de me, about myself), 11-13권은 '성경에 관한 책'이라고 했어. 우리의 통상적 이해와 달리 그는 10권을 앞의 책과 따로 분리하지 않고 통합해서 보고 있지. 우리가 읽기로는 9권까지가 자전적 이야기인데 말이야. (그래서 간혹 청소년용이나 대중용 번역서는 9권까지만 묶어 펴내기도 해.)

그런데 자신에 대한 과거 이야기와 기억론이 어떻게 연결될까? 자전적 스토리만으로 끝내지 않고 기억의 신비를 추적한 이유는 뭘까? 내가 보기에 기억론이 없으면 그의 과거는 과거가 아니기 때문인 것 같아. 그 모든 것은 기억된 과거이지. 단순히 사실을 나열한 것만으로는 과거 이야기라 해도 역사가 될 수 없지. 어떤 형태로든 편집 과정을 거칠 수밖에 없거든. 지나온 내 과거 이야기는 현재적 시점에서 기억해 낸 것이지. 그러니 기억이 무엇인지 말하지 않을 수 없는 거란다. 기억이 곧 나이거든!

아우구스티누스는 자연적 사물이나 인간적 감각에서 하나님을 찾을 수 없음을 논증한 다음, 기억을 대안이자 대답으로 제시해. 기억, "바로 그것이 내 마음이요, 나 자신"(10권 17장 26절)이야. 기억을 통해서 하나님을 알고, 기억 속에서 그는 자기 정체성을 깨닫게 되거든.

이 모든 일들을 나는 나 자신 안에서, 즉 내 기억이라고 하는 넓은 방에서 하는 것입니다. 〔…〕 거기에서 나는 나 자신을 만나고 나 자신을 기억합니다. [⋯] 나는 같은 기억의 창고에서 내가 과거에 경험했거나 그 경험을 토대로 하여 믿게 된 것의 영상들을 꺼내어 새로운 영상들을 구성해 보고, 그것들이 과거의 맥락에 맞는가 견주어 보기도 합니다. 그리고 그것을 토대로 나는 미래의 행동과 사건과 희망을 추측해 봅니다. 또한 이 모든 것을 현재적인 사실로 생각하는 것입니다. (10권 8장 14절)

과거의 나는 그저 지나가고 사라진 것이 아니라, 기억하는 나에 의해 제자리를 잡고 지금의 나를 의미 있게 구성해 주지. 그리고 기억에 의해 재구성된 나는 내일을 기약할 수도 있게 되고, 현재를 최고의 시간이 되게 해준단다. 그러므로 나는 곧 '기억하는 나'야. '기억하는 나'가 없다면, 과거의 내 삶도 그저 사라질 물질에 불과해. 기억에 의해 과거의 파편과 퍼즐들이 제자리를 잡는 것이지.

그 기억을 재구성하는 큰 프레임은 결국 신이다. 왜냐하면, 하나님은 내 기억 속에 계시거든(10권 24장 35절). 그러니까 아우구스티누스가 말하는 기억이란, '하나님 없이'가 아니라 '하나님 안에서'의 기억인 거지. 그렇지 않다면 그의 과거 삶은 욕정에 사로잡힌 한 사내의 무용담으로 끝나고 말 거야. 수사학자로서 명예와 야망을 좇아 살았던 한 지식인의 초상에 불과하지. 그러나 그가 회고한 자신의 과거 이야기는 그토록 외면했고 뿌리쳤던 하나님 손에 이끌린 것이었어. 그랬기에 그는 하나님 안에서 진리를 깨달았고, 행복을 누리고, 자기를 발견하게 된 거야.

아빠의 삶도 하나님이 없었다면 완전히 달랐을 거야. 내게도 최악의 선택이 있었고, 그 일을 지금 생각해 보면 내가 왜 그랬을까 싶어. 그때로 되돌아가면 정반대의 선택을 할 것 같기도 하고. 그럼에도 그것이 어둡게 채색되지만은 않아. 그 과거를 전혀 다르게 기억하도록 하나님이 인도하셨고, 나는 그분의 돌보심 아래서 죽었다 깨어나도 예상치 못한 삶을 살고 있으니까.

'나'의 절대성이 지닌 위험

그런데 아들아, 아우구스티누스가 말한 '나'는 내면주의 혹은 개인주의의 위험을 안고 있기도 해. 기억한다고 할 때의 그 기억 현상은 한 인간의 고독한 내면에서 벌어지는 일이거든. '나/내면/개인'이라는 단어는 항상 '너/외부/공동체'를 전제로 하지 않으면 성립될 수 없어. 그는 '너/외부/공동체'를 결코 부정하지 않지만, 결국 '나/내면/개인'으로 소급하려고 들지. 그러기에 그에게 '나'는 '너'가 없거나 약해질 공산이 무척 크단다.

이런 혐의가 근거 없지 않아. 아우구스티누스의 《독백》이 중요한 근거지. 《독백》에서 그는 자신을 대화 파트너로 설정하고 묻고 답하는데, "무엇을 알고 싶은가?"라는 자신의 물음에 대한 답은 하나님과 영혼을 알고 싶다는 거였어. 또 다른 그가 더 알고 싶은 것이 없느냐고 되묻자 단호하게 대답하지. "전혀, 아무것도 없다"(1권 2장 7절). 아무것도 없다니? 아빠는 우리 가족과 교회, 세계, 자연에 대해서 무진장 알고 싶은데 말이다.

또 하나의 근거가 있다. "밖으로 나가지 말라. 그대 자신 속으로 돌아가라. 인간 내면에 진리께서 거하신다"(아우구스티누스,《참된 종교》, 39, 72쪽). 하나님과 진리, 행복은 외부가 아닌 내부에 있으니 바깥을 쏘다니지 말라는 거야. 어쩌면 오로지 자기 자신(idion)이 되고자 하는 나는 백치(idiotic)가 아닐까?(한나 아렌트,《인간의 조건》, 90쪽)

아우구스티누스의 개인주의/내면화에 대해 무조건적으로 비판만 할 수는 없어. 나는 한편으로 타인의 기준이나 잣대에 의해 측정되거나 비교될 수 없는 고유성이 바로 나의 나됨이거든. 그런 점에서 나는 아우구스티누스를 근대의 선취라고 평가해. 나는 나이지 너와 그가 아니거든. 무엇보다도 그가 말한 나가, 너 없는 나이기보다는 너로 환원되거나 축소될 수 없는 나만의 절대성을 옹호하는 것으로 해석할 여지도 많아.

앞서 말한 대로 '나'가 빠진 사회와 자연이 무슨 의미가 있겠니. 키르케고르가 헤겔을 비판했던 말은 정확하게 아우구스티누스적 사유 방식의 산물이지. 키르케고르는 헤겔이 웅장하고 아름답기 그지없는 궁궐을 짓고는 정작 그 자신은 허름한

초가집에서 산다고 조롱했지. 집단에 휘둘리지 않은 개인/내면을 발견한 것이 근대인이 아닌 고대인이라는 사실이 놀랍기만 하구나.

다른 한편으로 나의 주체성을 저리도 강력하게 옹호하는 것이 독이 되기도 하지. 너로 치환되지 않는 나만의 독특성 강변은 너와의 관계 단절 또는 타인의 지배로 이어질 공산이 크다. 너 없이 어찌 내가 있겠니. 그걸 한나 아렌트만큼 더 잘 말할 수는 없을 거야.

> 모든 인간의 삶, 심지어 광야에서의 은자의 삶도 타인의 현존을 직접적 또는 간접적으로 증거해 주는 세계 없이는 결코 가능하지 않다. (《인간의 조건》, 73쪽)

아우구스티누스의 후손 격에 해당하는 대다수 개신교회는 사회·정치적 위기 국면에 맞닥뜨리면, 문제를 문제로 풀지 않고 내면으로 매몰되곤 한다. 그 결과, 외부 세계의 사회·정치적 문제를 그저 한 개인과 내면의 문제로 축소하고, 그 빈 공간을 세속 권력에게 내어 주며, 지배 이데올로기를 정당화하고 말지. 나라가 망하는 현실에서 전개된 대민족부흥운동에서의 열광적인 회개에 아쉽게도 사회·정치적인 회개가 거의 없었어. 요즘도 청년들 집회에 가보면 취업, 결혼, 치유가 주된 이슈이지. 온통 나, 나, 나더라고. 정녕 너 없는 나는 아닐 텐데, 나 중심주의가 아닐까?

기억하는 존재, 기록하는 삶

사랑하는 아들아, 나는 아우구스티누스의 기억이 개인주의/내면화의 위험을 안고 있음을 인정하더라도 인간의 인간됨, 나의 나됨은 '기억'이라는 사실에 추호의 여지도 없이 동의한단다. 영화 〈블레이드 러너〉에서 복제인간과 인간을 구분하는 잣대가 '기억'이었지. 이야기가 있는 기억 말이야. 나를 나되게 하는 것은 기억임에 틀림없어.

그 기억함은 타인과의 관계 속에 자리한단다. 기억할 만한 존재, 나 아닌 다른 사람을 기억하는 존재가 될 때 나는 비로소 내가 된단다. 반대로 내가 누군가에게 기억되는 존재, 나 아닌 다른 사람이 기억해 줄 때, 나는 나야. 내가 나로 존재하기 위해서는 너의 기억 속에 있어야 하고, 너를 기억함으로써 나는 살아 있는 존재가 되는 거지.

기억의 전승과 현재화는 기록에 달려 있다. 시간 속에 창조되어 사멸할 수밖에 없는 유한한 인간의 기억은 그와 함께 사라지고 말지. 그러기에 《고백록》 11-13권에서 우리의 현재 시간은 영원에 잇댄 것이라고 해. 그분의 영원 속에서 나와 너를 영원히 기억함으로써 우리는 언제까지나 나일 수 있고, 그렇게 함으로써 우리는 소멸하는 존재가 아니라 하나님의 영원한 현재 안에서 살아가는 거야.

그런데 위의 것이 신적인 차원의 것이라면, 인간적인 측면에서 나의 나됨을 지속할 수 있는 것은 무엇일까? 그건 '기록'일 거야. 내 기억이 망각의 늪 속에서 소멸하지 않고 누군가가 기억하게 만드는 것은 '글쓰기'이지. 한나 아렌트는 소크라테스의 생각을 풀면서 영원을 꿈꾸는 자가 자기 사상을 기록하려 드는 순간, 그는 영원을 버리게 된다고 말하지(《인간의 조건》, 70쪽).

그렇지만 무시간적 영원에 대한 소크라테스와 달리 역사적 영원, 영원한 현재를 살아가는 우리 그리스도인들에게 기록은 영원과 맞닿아 있단다. 그러기에 나의 현재를 기억하고 기록하는 것은 '내가 누구인지'를 알고 싶어 하는 이들에게 유효한 수단이면서 나 다음의 사람들에게도 기억되는 존재로 만드는 방편이지.

나는 하나님 아버지에게 기억되고 싶고, 하나님을 기억하는 삶을 살고 싶다. 동시에 아들인 너를 기억하고 너에게 기억되는 나이고 싶고. 그게 아빠야. 내가 된다는 것, 그것은 기억하고 기억되는 가치가 있는 존재가 되는 것이지. 나를 나답게 해주는 희림아, 너는 너를 누구라 하니? 네 이야기를 듣고 싶다.

함께 읽고 싶은 책

아우구스티누스, 《고백록》, 대한기독교서회.

가토 신로, 《아우구스티누스 고백록 강의》, 교유서가.

김기현·김희림, 《그런 하나님을 어떻게 믿어요?》, SFC출판부.

리처드 도킨스, 《이기적 유전자》, 을유문화사.

아우구스티누스, 《독백》, 분도출판사.

아우구스티누스, 《참된 종교》, 분도출판사.

한나 아렌트, 《인간의 조건》, 한길사.

2. 힘껏 '기억'하기

앙리 베르그송의 《물질과 기억》 읽기

아빠! 편지로 이야기하는 게 얼마만이에요. 보내 주신 첫
편지는 잘 받았습니다! 아우구스티누스의《고백록》. 역시 아빠
다운 선택입니다. 어릴 때부터《고백록》읽는 아빠의 모습을 많
이 봤고, 저도 여러 번 읽었죠. 고등학생 때 깊이 알고 싶은 사
람을 하나 골라 발표하는 수업 때《고백록》을 읽고 아우구스티
누스의 생애와 신학을 발표한 적도 있고, 철학과에서 들은 서
양 고대후기철학 수업에서 강독하기도 했으니 저도 이 책과 인
연이 있다고 할 만하죠?

그런데 한 번도《고백록》을 '기억'을 주제로 읽어 본 적은
없는 것 같네요. '나는 곧 기억'이라는 선언으로 기억에 의해
내가 구성되고 스스로를 재구성한다는 아빠의 지적은 무척 흥
미로웠습니다.《고백록》을 읽을 때 주로 그의 다사다난한 생애
에 초점을 맞추거나 그의 신학이 이후에 미친 영향을 역사적
으로 접근한 적이 많았는데, 아빠의 편지는 전혀 색달라서 재
밌었어요.

아우구스티누스의 '기억과 그에 뿌리를 두는 자아'에 대
한 이야기를 편지로 읽으면서 줄곧 생각난 철학자와 책 한 권
이 있습니다. 프랑스 철학자 앙리 베르그송(Henri-Louis Bergson,

1859-1941)과 그의 유명한 저서 《물질과 기억》 말이에요. 인문학에 관심이 있어도 베르그송의 이름을 처음 들어 보거나 이름 정도만 귀에 익은 분들이 꽤 있으실 것 같네요. 저도 철학과에 입학하고서야 베르그송이라는 사람을 처음 알았고, 그마저도 저희 과에 베르그송 연구의 권위자 선생님이 계셔서 접하게 되었거든요. 현대철학을 다룬 입문서나 개론서에도 베르그송이 빠지는 경우가 적지 않습니다. 물론 베르그송이 동시대 사상가들보다 덜 알려졌다고 해서 그의 사상이 빈약하다는 뜻은 아니죠. 도리어 그 반대입니다.

20세기의 그 유명한 사상가들, 프랑스의 사르트르, 메를로-퐁티, 데리다, 푸코뿐 아니라 독일의 후설이나 하이데거까지도 베르그송의 직접적인 영향 아래에 있으니까요. 요즘 가장 핫한(?) 들뢰즈는 베르그송을 재해석하여 철학사에 한 획을 그었다고 평가받기도 하고요. 그런데 이 대단하다는 베르그송이 그의 영향을 받았다는 후배들에게 밀린 것처럼 보이는 이유는, 아마도 그의 철학이 시대적 배경과 잘 맞아떨어지지 않았다는 점 때문일 거예요. 베르그송은 무엇보다도 '생명'을 중점으로 여긴 철학자예요. 플라톤 이래로 내려오는 철학의 전통은 고정된 실체를 탐구하는 작업이었잖아요. 그 대상(이데아)을 규명하기 위한 방법으로 이성을 사용하면서요.

그런데 베르그송의 생각에 '생명'이라는 것은 위와 같은 방식으로 이해할 수 없는 것이죠. 생명은 고정된 실체이기는커녕 오히려 창조적이니까요. 축적된 경험을 통해서 새로운 것을 산출하는 생명의 역동성이 베르그송이 주목한 지점입니다. 이것을 베르그송은 '엘랑비탈'(élan vital, 생의 약동)이라고 표현하곤 해요. 이렇게 긍정적이고 창조적이며 낙관이 가득해 생명이 요동치는 베르그송의 철학은 세계대전 후의 암울한 분위기 속에서 큰 매력을 끌지 못했다고 하고요. 폭력, 단절, 회의, 분열, 투쟁이 담론의 중심이 된 20세기 철학의 조류에서 베르그송의 철학은 조금 생뚱맞은 사상이 되어 버리고 맙니다. 그러나 이후 영상 예술의 시대가 찾아오고, 세상을 동적인 것으로 파악했던 사상들이 유행하면서 뇌과학과 진화론 등 현대과학의 성과들을 적극적으로 수용해 인간의 정신을 규명하려 했던 베르그송이 다시 주목을 받기 시작했지요.

베르그송의 기억과 아우구스티누스의 기억

그럼 이제부터 본격적으로 《물질과 기억》이라는 책이 무슨 이야기를 하는지, 그리고 이 책의 내용이 아빠가 첫 편지에서 다루신 아우구스티누스의 이야기와 어떤 접점이 있는지 천천히 살펴보면 좋겠어요. 물론 이 짧은 글 안에 《물질과 기억》의 방대하고 난해한 내용을 요약하려는 건 제 분에 넘칠 뿐 아니라 독자들께도 두통을 유발하는 일이 될 테니 삼가려 해요. 그저 핵심만 짚으면서 베르그송의 사고가 얼마나 혁명적이었는 지를 살펴볼 생각입니다. 거기에 더해 '베르그송의 기억'과 아빠의 앞선 편지에서 소개된 '아우구스티누스의 기억'을 비교하며 읽는다면 그것만으로도 스릴이 있을 거예요!

그런데 눈치 채셨나요? 방금 제가 베르그송을 소개할 때 이미 아빠가 얘기한 아우구스티누스의 기억 이야기와 맞닿는 지점이 있었어요! '내 삶의 경험들이 쌓여 내가 된다'는 점에서 두 사상가는 접점이 있습니다. 그 경험들을 아우구스티누스는 신 앞에서 재구성했고, 베르그송은 생명 그 자체의 창조성으로 해석했다는 점이 살짝 다르긴 하지만요. 거기에 덧대어 또 한 가지를 더 비교해 보죠. 바로 '시간'이에요. 아우구스티누스가 시간을 신학화해 규명하고 창조신학과 엮었듯이 베르그송의 철학에서도 시간이 정말 중요하답니다.

근데 말이죠. 베르그송의 시간 이야기를 하려면 빼놓을 수 없는 저만의 이야기가 있어요. 다름 아닌 제가 처음으로 철학적인 고민을 했던 순간인데요. 아빠, 〈철학자가 들려주는 철학 이야기〉 시리즈 기억나죠? 초등학생 때 제가 하도 책읽기를 좋아하니까 매일같이 도서관에 다니면서 책을 빌려다 주셨는데 항상 한 권은 저 시리즈에서 골라 오셨잖아요.

열한 살 때로 기억하는데, 그날은 아빠가 《제논이 들려주는 논리 이야기》를 빌려 오셨죠. 발이 빠른 아킬레우스가 조금 더 앞에서 경주를 시작한 거북을 제칠 수 없다는 제논의 역설 이야기가 실려 있었어요. 아킬레우스가 달린 시간에 거북은 조금 앞으로 움직이고, 아킬레우스가 거북과의 거리를 좁히면 거북은 미세하지만 조금 더 앞으로 움직이니까 아킬레우스는 영원히 거북의 뒤에서 달릴 수밖에 없다는 내용이에요. 비슷한 이야기가 하나 더 있지요. 화살은 결코 과녁에 닿지 못한다는 얘기도 있었어요. 날아가는 화살을 사진으로 찍으면 멈춰 있잖아요? 화살이 과녁으로 가는 동안 무한한 수의 사진을 찍을 수 있고요. 즉, 화살은 영원히 과녁으로 날아가고 있는 중이라는 얘기지요.

열한 살의 저에게 이 역설은 지나치게 무거운 과제였습니다. 거북을 앞지르지 못하는 아킬레우스, 과녁에 도달하지 못하는 화살. 며칠을 생각하다가 번쩍, 답을 얻었어요. 바로 '시간'이었습니다. 아킬레우스와 거북, 그리고 화살이 시간의 흐름 속에서 움직이고 있는데 그걸 간과하고 순간순간을 잘라서 붙인다면 말이 안 되잖아요. 이 깨달음이 얼마나 달콤했는지, 아빠한테 달려가 신이 나서 떠들어 댔는데 아빠는 잘 기억 못하실 거예요, 하하.

제논의 역설

그런데 재미있는 것은 제가 열한 살 때 받았던 이 충격적인 지적 즐거움을 프랑스가 낳은 천재 철학자 베르그송이 교수 생활을 할 때 똑같이 깨닫고 자신의 사상을 발전시켰다는 겁니다. 베르그송이 학생들에게 제논의 역설에 대해 강의하다가 우연히 그 해결 방법을 찾아냈는데 그것이 바로 시간이었거든요. 철학사를 뒤집은 베르그송의 깨달음을 제가 열한 살 때 느껴 봤다는 건 아무도 안 믿겠죠? 그때 일기장에 이 이야기를 쓰기도 했는데 그건 이미 버린 지 오래라 제 천재성을 증명할 방법이 없네요.

농담은 이쯤 하고 베르그송이 제논의 역설을 '시간'으로 풀었다는 게 무슨 말인지 조금 더 생각해 보려 해요. 베르그송은 우리가 삶에서 사용하는 과학적으로 잘 측정된 시간들이 진짜 시간이 아니라고 말합니다. 좀 이상하지요. 제가 베르그송의 사상을 조금이나마 더 잘 이해하고 좋은 글을 쓰기 위해 꼬박 '두 달'을 베르그송의 저서들과 그 해설서와 논문만을 읽었던 것, 또 제가 이 글을 '금요일'까지 써서 보내려로 했는데 그만 늦어서 '하루' 늦게 보낸다는 것만 보아도 측정된 시간은 분명히 있잖아요?

그런데 가만 보면 모두에게 균일한 이 시계의 시간은 발명된 단위들에 불과합니다. 시간은 쪼개지지 않습니다. 불가분한 연속적 시간 속에서 물질들은 질적으로 변화하고 있지요. 세상에 있는 것들은 모두 끊임없는 변화와 운동 속에 있는데, 그 역동성을 물체가 지나간 궤적(공간)으로 바꾸면 오해할 수밖에 없다는 얘기지요. 제논의 역설은 시간을 공간화했다는 거죠. 여기서 베르그송 철학의 가장 중요한 개념어가 등장합니다. 베르그송은 '지속'(duration)의 철학자입니다. 이것을 이해하려면 빈 책장에 책을 한 권씩 꽂듯이 사물들이 공간을 차지하고 있다는 생각을 버려야 하지요. 우리는 텅 빈 방을 상상하고 창문, 책상, 의자와 침대를 구분해 배치하지만, 사실 삼라만상 모든 것은 다 연결된 하나의 덩어리라는 것입니다. 공간으로 나눌 수 없는, 시간 속에서 변화하는 전체의 관점에서 보자는 것이지요.

헤라클레이토스의 강물처럼 이 하나의 덩어리로서 세상은 각각 다른 리듬으로 변화합니다. 지속의 보편적인 흐름 안에서 모든 것이 다 다르게 움직이죠. 앞서 말한 생명의 창조성을 얘기한 게 이 지점과 맞닿아 있어요. 모든 것에는 새로운 것을 산출하는 예측 불가능하고 비결정적인 성격이 있다는 얘기지요. 그런데 이전과는 다른 새로운 것이 산출된다고 사물이 근본적으로 바뀌는 것은 아니잖아요? 아이가 어른이 되는 창조적 과정이 있다고 그가 완전히 다른 사람이 되는 것은 아니듯이 말이죠. '지속'은 이런 점에서 참 독특합니다. 질적 차이를 산출하면서도 연속성을 보장한다니 말이에요.

기억 이야기

　여기서 우리가 잠시 잊고 있었던 오늘의 주제, '기억'이 다시 중요해집니다. 과거의 기억들을 간직한 채 현재를 살아가면서 앞을 모르는 미래로 스스로를 이끌어 가는 연속성을 유지하게 하는 것이 바로 기억이지요. 어떠세요? 경험들을 쌓지만 단순히 경험의 총합이 아니라, 그 안에서 새로운 것을 묶어서 새로운 나를 산출해 낸다는 점에서 아빠가 얘기하신 아우구스티누스의 기억론과 분명 닮은 구석이 있지 않나요? 정리하자면, 내가 경험한 그 모든 것을 그야말로 힘껏 기억하고 재구성하는 창조적인 지속이 나를 만든다고 할 수 있겠네요. '나는 누구인가'라는 질문에 아우구스티누스와 베르그송은 입을 모아 '신 앞에서' 혹은 '지속의 흐름을 타고' 역동적으로 기억하는 것이 '나'라고 대답할 것만 같아요.

　저 자신을 돌이켜 봐도 베르그송의 기억 이야기에 동의할 수밖에 없게 됩니다. 아직 얼마 살지 않았지만 저는 제가 겪은 모든 경험이 참 소중해요. 지워 버리고 싶은 기억도, 그때로 돌아가서 그 순간을 영원히 누리고 싶은 시간도 있지만, 무엇보다 중요한 것은 그 모든 것들이 다 나를 만들었다는 거겠지요. 사람들도 폭넓게 사귀려 하고 독서나 영화감상을 할 때도 종류와 장르를 가리지 않으려는 성격도 이 모든 것이 다 하나의 경험으로 내게 뿌리내릴 것이라는 사고방식이 깔려 있기 때문이죠. 그 다양한 경험들이, 베르그송의 말처럼 그저 뻣뻣하게 저장된 지식이 아니라 내가 지금 처한 현실과 문제의식까지 밀고 들어오고 예측할 수 없는 새로운 미래를 여는 기억이라고 저는 믿어요.

아빠는 첫 편지 마지막에서 '너는 너를 누구라 생각하느냐'고 물으셨죠? 저는 베르그송의 생각을 빌려서, 제가 겪은 많은 것들이 뒤엉키고 해석되는 과정 속에서 계속 새롭게 성장하는 사람이 바로 저라고 말하고 싶어요. 물론 제 다양한 기억 속엔 아빠와 나눈 소중한 대화가 아주 큰 자리를 차지한다는 거, 잘 아시죠?

타자와는 어떻게 만나야 할까?

참 신기한 일이죠. 전혀 다른 시간과 장소에서 산 두 위대한 사상가의 이야기에 이렇게 분명하게 맞닿는 지점이 있다니 말이에요. 그런데 또 흥미로운 것은 두 사람이 비판받는 지점도 비슷하다는 거예요! 아빠는, 아우구스티누스의 말대로라면 내면주의로 빠질 위험이 크다고 지적하시면서 그의 사상에 큰 빚을 진 한국 교회의 '구조맹'(構造盲) 같은 모습은 아우구스티누스에게도 혐의가 있다고 하셨죠. 베르그송도 그가 존재론과 인식론 분야에서 남긴 코페르니쿠스적 전회가 무색하게 정치철학에서는 이렇다 할 주장이 없다는 평가를 받고 있지요. 제가 글머리에서도 언급했다시피 베르그송의 철학이 당대의 문제와는 괴리되는 측면이 있었고, 그로부터 사상적 영향을 받은 철학자들 가운데는 사회문제 해결에 뛰어든 사람들이 많아서 비교가 되기도 하고요. '지속'의 세계에서 실재를 인식하더라도 사회현상을 감지하는 건 전혀 다른 일인가 봐요.

그렇다면 이제 우리의 다음 대화를 이어 나갈 주제가 잡혔네요. 내가 누구인지 알았다면 이제는 '내가 아닌 것'이 무엇인지 알아야 할 차례 아닐까요? 기억이라는 역동적인 과정을 통해 내가 누구인지 알았다고 해도 그것이 타자(他者)와의 소통과 교감을 보장하는 것은 아니잖아요. 아빠와 제가 이렇게 가깝고 자주 대화하는 관계라 해도 도무지 이해할 수 없는 상황이 언제나 찾아오듯이 말이죠. 그럼 아빠, 질문을 던져 볼게요. 타자와는 어떻게 만나야 할까요? 나와는 다른, 내가 받아들일 수 없는, 심지어 나를 파괴할 수도 있는 그런 존재인 타자와의 접촉은 어떻게 이루어지는 걸까요? 아니, 그 전에 대체 타자란 무엇일까요? 여러 철학자들이 타자의 문제를 다루었지만, 철학도인 제가 상상하기 어려운 아빠의 신학적인 대답이 기대가 됩니다.

아빠와 저의 첫 대화를 이렇게 마무리하게 되네요. 인간이 던지는 가장 원대한 질문 중 하나인 '나는 누구인가'라는 질문에 아빠는 아우구스티누스의《고백록》을, 저는 베르그송의《물질과 기억》을 가져와서 대화해 보았습니다. 단순히 그 고전을 낱낱이 해설하기보다 그 고전의 내공과 상상력에 기대어 중요한 실존적 주제를 비추어 가며 이야기한 것 같아요.

아빠와 제가 나누는 편지를 읽는 독자들께 이 글이 딱딱하고 어려운 고전 해설이나 비평이 아니라 여전히 공부하고 배우는 학자와 학생이 주고받는 읽을 맛 나는 지상(紙上) 대화이면 좋겠습니다. 아빠와의 첫 대화를 나름 괜찮게 시작한 듯하여 기쁘네요. 아빠의 다음 편지도 잔뜩 기대하며 기다리겠습니다!

함께 읽고 싶은 책

앙리 베르그송, 《물질과 기억》, 자유문고.
강영계, 《베르그송이 들려주는 삶 이야기》, 자음과모음.
　　(이 책은 〈철학자가 들려주는 철학 이야기〉 66번이며, 이 시리즈의 다른 책들도 함께 읽어 보기를 추천합니다.)
김재희, 《물질과 기억—반복과 차이의 운동》, 살림.

3. '타자'로 오시는 하나님

칼 바르트의 《로마서》 읽기

사랑하는 아들아, 네 편지 잘 받았다. 말문이 틔었을 때부터 너는 나의 대화 파트너였지. 어린아이들의 순전한 질문에 모든 부모가 놀라곤 하지만, 너는 곧잘 철학적인 질문과 생각을 많이 해서 나를 당황스럽게 했지. 너와는 어릴 때부터 대학생과 토론하듯 대화를 나누던 기억이 나는구나. 그런데 '제논의 역설'을 시간으로 해결할 수 있겠다는 너의 탁견을 기억하지 못하다니, 이런이런……. (그런 일이 너무 흔해서였는지도 모르겠다.)

지난 편지에서 네가 물었지. 타자란 누구인지, 어떻게 만나야 하는지. 그 질문을 받자마자 나는 예상치 못한 책과 저자가 생각났단다. 타자라는 말을 들었을 때, '신학 분야의 고전에서 타자에 관한 책이 어떤 것이 있을까' 자문했고 곧 칼 바르트의 《로마서》가 생각나더구나. 하나님을 가리켜 '전적 타자'(Wholly Other)라고 한 것이 모종의 말할 거리를 제공해 주지 않을까 싶었다. 그래서 다시 읽어 보니 이게 웬일, 그야말로 보물 창고가 따로 없더구나. 속으로 얼마나 환호했던지. 기억이란 실로 신기하구나!

'기억의 지층'으로부터

칼 바르트(Karl Barth, 1886-1968)의 《로마서》를 처음 읽은
것은 1995년 1월과 2월께였다. 어떻게 그 시점을 정확하게 기
억하냐고? 95년에 아빠가 박사 과정(Ph.D.)에 입학했거든. 공
부하기 전에 신학의 뿌리랄까, 기초를 다져야겠다고 마음먹
었고, 그렇다면 바르트의 《로마서》를 꼭 읽어야겠다고 생각했
지. 2,000년 역사에서 〈로마서〉와 〈로마서〉 주석이 시대를 뒤
흔들고 새로운 시대를 창조했던 교회사의 증거로 보나, 종교철
학 및 현대신학이라는 아빠의 전공으로 보나 결론은 《로마서》
일 수밖에 없었다. 그래서 후배들을 끌어모아 낑낑 대며 영역
본으로 읽었지.

그때 내게는 낯선 용어가 있었어. '전적 타자.' 하나님을 지
칭하는 바르트의 용어였지. 인격적인 신을 저리 객관적이고 무
덤덤하게 지칭하는 게 생소했다. 당시 '타자'라는 용어가 우리
나라 학계에 통용되지 않았거나 내가 몰랐던 거겠지. 그래서
'타자가 뭐지' 하고 넘어갔어. 이제와 생각하면 타자는 그냥 '남'
또는 '다른 것'인데 말이야.

그런데 '타자 이해'를 바르트에게서 찾았을 때 예상치 못
한 수확이 있었단다. 사르트르 전문가인 변광배 교수에 의하면,
들뢰즈가 사르트르의 타자론이 서구 철학사에서 '타자에 관한
최초의 위대한 이론'이었다는 최고의 찬사를 보냈다더구나(《장

폴 사르트르》, 4쪽). 사르트르의 《존재와 무》는 1943년에, 레비나스의 《시간과 타자》는 1947년에 출간되었다. 그런데 바르트의 《로마서》는 초판이 1919년, 전면 개정판은 1922년에 나왔거든. 그러니 들뢰즈의 말은 수정되어야 해. 서구 철학사에서 최초라는 최고의 찬사는 온전히 바르트의 것이라고. 신학에서의 타자론도 칼 바르트에서 출발해야 한다고.

또 하나. 〈로마서〉와 〈갈라디아서〉에서 가히 전쟁이라고 할 만한 논쟁이 벌어지는 핵심 쟁점인 '믿음'(πίστις, Pistis)을 바르트는 '신실함'(Treue Gottes)으로 번역했더구나. 다시 읽으면서 어찌나 놀랐던지. 1919년에 초판이 출간되었고, 내가 읽는 것은 1922년에 나온 개정판인데, 오늘날 '새 관점 학파'(전통적인 '칭의론'을 1세기 유대주의 관점으로 새롭게 해석하는 신학자들로 E. P. 샌더스, 제임스 던, N. T. 라이트 등이 있다)가 말하는 것을 반세기 전에 선취하다니, 그것도 신약학자가 아닌 조직신학자가 말이지. 놀랍다 못해 경이롭지 않니?

'전적 타자'의 기원

사실 이 용어는 오롯이 바르트의 것은 아니란다. 실은 루돌프 오토(Rudolf Otto, 1869-1937)의 것이지. 그의 책 《성스러움의 의미》에서 처음 사용했거든. 독일의 종교학자이자 개신교 신학자인 오토는 이 땅에 존재하는 각기 다양한 종교들을 한데 아우르는 것, 종교를 종교답게 하는 것이 무엇인지를 묻지. 그는 인도학의 대가로도 알려져 있는데, 서구 종교라는 지역적 제한을 넘어서 동양 종교까지 포괄하는 종교의 핵심을 '누미노제'(Numinose)라고 명명했어. 대상에 매혹되어 이끌려 들어가지만, 나와는 질적으로 다른 신의 거룩함에 압도되어 저 멀리 달아나려는 인간의 종교적 현상을 설명하는 용어이야.

그 누미노제의 대상이 바로 '전적 타자'란다. 서구 기독교의 주지주의적인 칸트와 헤겔이 이해한 합리와 윤리를 넘어서면서 또 다른 한편으로는 합리적이고 윤리적인 어떤 것을 가리키기 위해서 사용된 개념이야. 종교를 종교 아닌 것으로 설명하려는 시도를 비판하고 종교만의 고유함을 설명하기 위한 용어인데, 이 책을 번역한 종교학자 길희성은 '전혀 다른 것'(das Ganz-andere)이라고 옮겼더구나.

바르트는 오토가 '심리학적인 경향'을 띤다고 지적했고(《로마서》, 141쪽), 오토의 편에 선 이들은 바르트가 이 개념을 지나치게 단절적으로 이해했다고 불만을 표했지(《성스러움의 의미》, 22쪽). 둘 사이 미세한 결의 차이는 내 관심사는 아니다만, 바르트 편향적인 아빠는 그가 신과 인간의 절대적 분리를 주장했다고는 생각하지 않아. 애당초 그런 것은 기독교 신학에 존재하지 않거든. 만약 그렇게 주장한다면 그것은 마니교일 게다.

'전적 타자'로서 하나님

바르트의 타자론에는 신론과 인간론이라는 두 측면이 있어. 먼저 신론부터 살펴볼게. 바울은 자신이 전하는 복음을 "하나님의 복음"(롬 1:1)이라고 명명했지. 복음이 무엇인지를 규정하는 단어가 하나님이야. 그러니 하나님의 복음을 이해하자면, 하나님 아닌 것을 저 자리에 대입하면 의미가 금세 드러난단다. 바로 인간이지. 하나님의 복음은 사람의 복음이 아니라는 뜻이다.

그렇다면 '하나님'은 인간과는 이질적인 존재, 인간적인 것으로 축소할 수 없는 분이시겠지. 그렇기에 바르트는 하나님의 복음을 '전적 타자'라고 하는 거지. 인간적인 어떤 것을 신성한 것으로 승격시킨 것은 결코 하나님의 복음이 아니야. 하나님 그분에게서 직접적으로 내려오는 것, 우리 인간이 만들 수도 지어낼 수도 없는 낯설고 기이한 어떤 것이 바로 복음이고, 복음은 정녕 하나님 자신의 것이지.

그러면 왜 바르트는 하나님을 이리도 비인격적인 용어로 표현한 걸까? 아빠에게 하나님은 아버지 하나님, 어머니 하나님이란다. 그리하여 내게 하나님은 아빠, 엄마라고 부를 수 있는 분이시지. 그러니 하나님을 저런 철학적이고 추상적인 용어로 명명하는 것이 내심 거리꼈지. 전적 타자라고 하니까 뭔가 고상해 보이지만, 우리말로 쉽게 번역하자면 '완전히 남'이라는 뜻이잖니. 하나님과 우리가 완전히, 절대적으로 남남이라니. 그게 무슨 뜻일까? 내가 아닌 너, 내가 될 수 없는 남이라…….

그게 바로 바르트가 의도했던 거였어. 내가 아닌 너라고 했을 때의 너는 나와 동일하지 않고, 환원될 수 없지. 완전히 다르다는 거다. 다른 인격체이자 존재이고. 게다가 그냥 남이 아니라 '전적이고 절대적으로 다른 너'라는 것이지. 아빠가 앞에서 하나님의 대칭어가 인간이라고 했지. 그에 따른다면, 하나님을 인간화하지 말라는 거야.

바르트가 저런 주장을 할 때는 하나님의 말씀을 인간의 말로 변질시킨 시대적 상황이 있었어. 19세기의 기독교 신학은 신을 인간화했어. 하나님은 하나님인데, 하나님을 하나님 아닌 다른 것으로 전락시키는 것은 하나님의 물신화(fetishism)가 아니고 뭐겠니. 그건 우상이야. 우상이 뭘까? '있는 그대로의 하나님'을 '하나님이 아닌 다른 것'으로 만든 것이지. 그래서 나온 유명한 문구가 바로 이것이다. "하나님을 하나님 되게 하라!"(Let God be God!) 아빠 말로 바꾸면, '타인을 타인의 모습 그대로 인정하기!' 정도 되겠다.

이런 논의를 신학자들 동네에서의 고담준론(高談峻論)이 아니라 당시 유럽의 정신사와 신학사, 정치사적 맥락에서 읽으면 바르트의 급진성이 도드라지지. 근대는 신 중심에서 인간 중심으로, 대상에서 주관으로 옮겨 가는 급격한 전환의 시기였다. 근대의 도전 앞에 신학도 신을 인간화하기 시작했지. 자유주의 신학의 아버지인 슐라이어마허는 종교를 '절대 의존의 감정'이라고 했다. 그에 따르면, 앞에 어떤 수식이 붙든 간에 종교는 인간의 감정인 게지.

그런데 아빠가 주목하는 것은 신학의 인간화가 초래한 정치적 문제야. 바르트가 선배들의 신학을 깡그리 비판하고 근원으로 돌아가서 뒤집어엎고 새롭게 시작할 수 있었던 것은 두 가지 배경이 있어. 그 하나가 '목회와 설교의 문제'였어. 그들의 신학은 설교할 수 없는 신학이었던 거야. 스위스 자펜빌 마을이 산업화되면서 인간의 내면에 웅크리고 있던 탐욕과 죄악이 분출하는데도, 계몽주의 영향을 받은 독일 신학은 교육과 계몽의 힘으로 인간을 선하게 바꿀 수 있다고 지나친 낙관론에 빠져 있었거든. 인간의 죄인됨을 말하지 않는 신학은 멋있어 보일는지 몰라도 실제로는 무기력하지.

다른 배경으로는 정치적 요인을 들 수 있는데 바로 '전쟁'이었어. 1차 세계대전 말이야. 모든 전쟁을 종식한다는 명분으로 벌어진 이 전쟁으로 지옥문이 열렸지. 첨단과학으로 무장한 군대에 의해 대량 살상이 가능해졌거든. 그 전쟁은 단적으로 제국주의 전쟁이었어. 식민지 쟁탈전 말이야. 그런데도 1차 세계대전을 지지하는 독일 지식인 93인 선언에 기라성 같은 신학자들이 죄다 참여한 거야. 바르트는 깊이 절망했지.

〈로마서〉 1장의 썩어지지 않는 하나님의 영광을 짐승의 것으로 변질시켰다는 바울의 가르침을 주석하면서 바르트는 이렇게 말하고 있어.

전적 타자는 〔…〕 천차만별의 교묘한 동일시와 혼합이 이루어지는 가운데 인간적인 혹은 동물적인 사건이 하나님 체험으로 격상되고, 하나님의 존재와 행위는 인간적인 혹은 동물적인 체험으로 경험된다. (184쪽)

자유주의 신학의 노선이 고상해 보여도, 그 속내를 들춰 보면 자신과 자기 민족과 국가의 이익을 지키는 데 복무하는 시녀였던 거야. 이를 두고 바르트는 '아니요'라고 크게 외쳤지.

바르트는 전쟁을 지지하는 신학은 신학의 실패라고 규정했어(《칼 바르트》, 159쪽). 그런 신학은 '구제 불능'이야. 그런데 왜 기독교가 국가 차원의 전쟁을 지지할까? 거기에는 국가와 기독교를 동일시하는 신학이 깔려 있지. 존 하워드 요더가 말한 '콘스탄틴주의', 내 식으로 말하자면 '혼합주의'인 거지. 그것은 독일을 변혁하는 기독교가 아니라 독일화된 기독교다. 기독교와 독일 사이에 어떤 구별도 없는 물에 물탄 종교인 거지. 그런 종교에 대한 비판이자 대안은 낯설고 새로운 하나님이었어. 바로 인간과는 무한한 질적 차이를 가지신 전적 타자로서의 하나님 말이야. 그래서 바르트는 교회 내적으로는 설교할 수 있는 신학, 외적으로는 전쟁을 비판하는 신학이라는 신학의 근본적 재구성 작업에 들어갔고, 그 산물이 바로 《로마서》야.

이쯤 되면 왜 바르트가 하나님을 '전적 타자'로 묘사했는지 감이 오지 않니? 인간이 안다고 말할 수 없는 신, 인간의 욕망으로 조종하고 인간의 관점으로 조작할 수 없는 신이 참된 신이라는 것이지. 인간의 이기심을 종교적으로 승인해 주는 그런 얄팍한 신은 성서가 말하는 신이 결코 아니야. "그분은 인간으로서는 전혀 알 수도 가질 수도 없는 하나님이시며, 바로 그래서 우리가 구원을 기대할 수 있는 하나님"이시지(141쪽). 그는 이전의 신학과는 전적으로 다른 새로운 토대 구축에 성공했어.

'타자'로서 인간

그런데 희림아, 지난번 '나는 누구인가?'라는 주제에 이어 이번에는 나 아닌 나, 나와 다른 나로서의 타자에 대해 대화를 나눠 보자는 네 제안은 참으로 적절하더구나. 넌 타자는 누구이고, 타자와 어떻게 만나야 하는지를 물었지. 네 편지에서 의미심장한 한 문장을 발견했다. "나와는 다른, 내가 받아들일 수 없는, 심지어 나를 파괴할 수도 있는 그런 존재인 타자와의 접촉은 어떻게 이루어지는 걸까요?" 아빠가 말하고 싶은 핵심을 정확히 짚어 내었더구나.

앞의 것은 나 아닌 너, 나와 다른 너라는 일반적 범주의 타자라면, 뒤의 것은 나를 파괴할 가능성을 갖고 있는 너라는 좀 더 특수한 범주의 타자이지. 곧 말하겠지만, 기독교에서는 전자를 '이웃'이라고 하고 후자를 '원수'라고 표현한단다.

〈로마서〉를 크게 구분하면 1-11장은 하나님과 하나님의 복음을, 12장부터는 교회와 신자의 윤리를 다루고 있어. 그렇다면 타자인 하나님은 전반부에, 타자인 인간은 후반부에 나타나겠지. 하나님께서 우리 앞에 "철저하게 타자로서 마주 서셨다"(592쪽)면, 우리는 서로에게 철저한 타자로 존재하겠지. "바로 그 타자의 문제에서 윤리의 문제가 떠오른다"(890쪽). 타자의 존재론 혹은 타자의 신학에서 타자의 윤리론이 나오지.

흔히 우리는 '주 안에서 하나'라고 하지만, 바르트는 '주 안에서 서로 다른 나로서 하나'라고 한단다. 그의 타자의 정의는 이렇단다. "여기서 말하는 타자란 누구인가? 그들은 우리가 도저히 들여다볼 수 없고 알 수 없는 타자성 속에서 믿고 있는 사람들"(890-891쪽)이다. '우리는 하나'라는 말이 자칫 서로의 다름을 간단히 지워 버리고, 획일적 생각과 행동을 강요하는 건 아닐까 하는 생각이 든다. 바르트는 공동체는 "개인이 다름(타자성)으로 지양하거나 제약하거나 지우는 것이 아니라, 오히려 개인의 다름을 요구하고 각기 다름에 나름의 의미를 부여하는 하나됨"(892쪽)이라고 해. 그럴 때 우리는 서로에게 자유를 경험하지. 타인을 내 의지에 복속시키려 하지도 않고 말이야.

그러기에 우리는 전적 타자인 하나님을, 나와 다른 타자인 이웃 안에서 만나야 한다. 하나님과 인간, 하나님과 나를 결코 동일시하는 우상을 짓지 말아야 하듯, 나의 의지와 타인의 것이 완전히 같다고 생각하거나 같아야 한다는 폭력을 행사하지 말아야 해. 다름의 존중을 통해서 너가 너 될 수 있다면, 나는 나될 수 있는 거지. 그리하여 하나님은 우리가 내가 아닌 또 다른 내가 되려고 애쓰지 말고, "나 자신이 되라는 요구"(511쪽)를 하고 계신 거야. 이것이 복음이고 자유란다.

그런데 우리 기독교의 독특성은 원수에 대한 사랑에 있어. 네가 말한 '나를 파괴할 수 있는 타인'이 곧 원수일 테지. 원수는 정말 '웬수'이고, 타자 중의 타자 아니겠니. 내가 너일 수 없는 타자가 이웃이라면, 너가 되고 싶지 않은 타자, 폭력으로라도 제거하고 싶은 타자는 원수겠지.

'선물'로서 타자

원수가 없다면 얼마나 좋을까. 너도 알다시피 아빠는 이미 《내 안의 야곱 DNA》에서 원수의 얼굴에서 하나님의 얼굴을 보자고 얘기했고, 《하박국, 고통을 노래하다》에서는 원수를 사용하시는 하나님, 원수를 통해서 우리를 부수시는, 그리하여 재창조하시는 하나님을 말한 바 있다. 그러니까 역설적이게도 원수는 하나님의 일꾼이란다. 참으로 불편한 진실이지.

바르트도 비슷한 말을 하고 있어. "박해하는 타자가 하나님의 심부름꾼"(919쪽)이며, 그 "'원수'는 가장 알 수 없는 타자"(939쪽)라고. 궁극적으로 우리는 원수를 통해 하나님께 영광 돌리라는 명령을 받았어(944쪽). 아빠는 그 원수가 없었다면, 고난이 없었다면, 지금의 내가 없었다고 고백한단다. 그런 의미에서 나와 다른 이웃으로서의 타자만이 아니라 나와 대척점에 서 있는 적대자로서의 타자 또한 하나님으로부터 온 선물이라고 생각해.

아들아, 문득 어릴 적 내가 너를 타자로 대하지 못한 적이 많았다는 생각이 든다. 네가 장래 희망을 말할라치면, 그것이 아빠 기준에 맞지 않아 보여 이런저런 그럴싸한 말로 못 하게 막았던 게 그중 하나지. 그냥 자연스러운 과정이고 네 나이에 할 수 있는 생각을 거치면서 성장하는 것인데, 너를 아빠의 잣대에 욱여넣으려고 했어. 아빠가 만든 틀에 구겨 넣다가 너를 힘들게 한 거지.

이제 편지를 마칠까 해. 아빠가 이 편지에서 줄곧 말한 걸 한 문장으로 요약하면, '타자로서 하나님'은 나를 내 모습 그대로, 나 아닌 남도 그 모습 그대로 인정하고 존중하는 윤리의 토대라는 거야. 아빠는 철학에서 말하는, 그리고 네가 생각하는 타자는 무엇인지 궁금하구나. 네가 던진 질문에 대한 아빠의 대답과는 다른, 스스로 질문하는 자이면서도 스스로 대답을 찾는 철학도인 너의 생각을 듣고 싶다.

마지막으로 아들아, 타자는 선물임에 틀림없어. 내게 타자인 너의 존재가 아빠에게 이보다 좋을 수 없는 선물이듯이. 또 하나의 선물이 될 너의 편지를 기다린다.

함께 읽고 싶은 책

칼 바르트, 《로마서》, 복있는사람.

김기현, 《내 안의 야곱 DNA》, 죠이북스.

김기현, 《하박국, 고통을 노래하다》, 복있는사람.

루돌프 오토, 《성스러움의 의미》, 분도출판사.

변광배, 《장 폴 사르트르》, 살림.

에버하르트 부쉬, 《칼 바르트》, 복있는사람.

장 폴 사르트르, 《존재와 무》, 동서문화사.

4. 얼굴을 마주한다는 것

에마누엘 레비나스의 《시간과 타자》 읽기

'나는 누구인가'라는 오랜 질문을 다루다가 그만큼이나 깊은 주제인 내가 아닌 것, 곧 타자에 대한 대화까지 왔네요, 아빠. 칼 바르트의 《로마서》로 타자론을 끌어내는 두 번째 편지도 재미있게 읽었어요. 타자를 중요하게 다룬 많은 학자 중에서 바르트를 골라냈다는 점이 흥미로웠어요. 아쉽게도 아직 《로마서》는 읽지 못했지만, 저도 바르트에게 받은 영향이 없지는 않답니다. 몇 년 전에 신학 공부를 시작하면서 말년의 바르트의 강의를 모은 《개신교신학 입문》을 꼼꼼히 읽었으니까 말이에요. 그 책이 너무 좋아서 친구들을 몇 모아 독일어로 강독하기도 했답니다. 그 덕에 신학 기초와 독일어 실력 두 마리 토끼를 잡을 수 있었지요.

인간과는 질적인 차이를 보이는 하나님을 인간화하지 않고 '전적인 타자'(das ganz Andere)로 두는 것, 그리고 그런 하나님 안에서 서로가 서로를 전적인 타자로 놓으면서 구성되는 공동체를 주장하는 바르트의 이야기를 아빠에게 들으면서 줄곧 생각나는 철학자가 있었어요. 바로 아빠와 저 모두 영향을 참 많이 받은 '타자의 철학자' 에마누엘 레비나스(Emmanuel Levinas, 1906-1995)입니다. 레비나스의 중요한 작품 중에서도 오늘 저는 《시간과 타자》를 소개하면서 편지를 써나가려고 해요. 레비나스의 초기 서작인 이 책은 내 빈의 강의를 정리한 책인데, 레비나스라는 사람이 어떤 철학적인 논증을 펼치면서 타자를 위한 사상을 개진했는지 살펴보기에 좋은 책입니다.

존재와 존재자

레비나스의 철학을 엿보려면 우선 '존재'와 '존재자'를 구분할 필요가 있어요. 존재는 무엇이고 존재자는 무얼까요? 레비나스에게 존재는 명사로 표현할 수 없는, 그 자체가 동사인 존재 작업 자체(41쪽)예요. 존재를 동사로 파악하는 것을 정확히 이해하려면 그가 존재라는 말을 할 때 영어의 'exist'에 해당하는 프랑스어 동사원형 'exister'를 쓴다는 점이 중요해요. 즉, 여기서 말하는 존재는 주어 없이, '존재한다'는 동사적 행위를 말하는 것이지요. 시작도 끝도 없는 마치 영원과도 같은 무언가가 바로 존재입니다.

여기서 바로 '존재자'가 등장합니다. 무채색의 도화지 같은 존재에 색이 더해지는 순간이 오는 거예요. 주어 없이 마냥 있던 '존재'에 구체성이 덧붙여져서, 이내 '의식'이 등장합니다. 존재의 그 영원한 흐름을 끊고 등장한 존재자는 의식을 갖고 홀로서기(hypostase)합니다. 유유히 흐르는 강물을 거슬러 번쩍 튀어 오르는 한 마리 연어처럼 존재자는 존재를 찢고 나와 홀로서기 합니다. 이 찰나의 순간을 레비나스는 '현재'라고 부르지요. 현재에 홀로 서 있는 존재자가 겪는 것은 고독함입니다. 이 고독을 일컬어 레비나스는 "시간의 부재"(55쪽)라고 해요. 여기서 말하는 이 시간이 바로 《시간과 타자》의 그 시간이죠. 시간이 무엇인지는 뒤에서 살펴보고 존재에서 튀어나온 존재자의 상황을 조금 더 지켜볼까 해요.

고독한 존재자가 마주하는 세계를, 레비나스는 재미있게도 "먹거리들의 집합"(64쪽)이라고 하더라고요. 홀로서기 한 이후로 고독했던 존재자는 수많은 대상들을 이것저것 먹고 '향유'(jouissance)하면서 고독함으로부터 스스로를 해방하는 느낌을 맛봅니다. 스스로와는 다른 것을 만났으니 그럴 만도 하지요. 그렇지만 레비나스는 세계를 향유한다고 해서 고독함으로부터 탈출할 수는 없다고 하네요. 향유란 모름지기 외부의 대상을 내면화하는 일에 지나지 않는다는 것입니다. 즐기는 것도 결국 '내가' 즐기는 것이니 말이에요. 나아가 레비나스는 인간의 이성과 의식 자체를 고독에서 벗어날 수 없는 것으로 파악합니다. 의식의 지향성은, '나'의 의식이 무언가를 파악하고 '나'의 방식으로 이해한다는 지점에서 유아론에 불과하다는 것(68쪽)이지요. '나'로 회귀하지 못하는 것이 비로소 존재자의 고독을 해결해 주겠지요. 그렇다면 그게 뭘까요?

저는 죽음이라고 생각합니다. 죽음이 고통을 통해서 자신을 예고할 때 주체는 수동성을 경험(77쪽)하지요. 그도 그럴 것이 아빠, 죽음이라는 게 얼마나 끔찍하게 찾아오나요? 누군가의 죽음 앞에서, 그리고 나의 죽음 앞에서 우리는 정말 처절할 정도로 무력해집니다. 그리고 그 죽음이 스스로를 내비치는 고통과 공포 앞에서 우리는 아무것도 할 수가 없지요. 죽음은 주체가 그 주인이 될 수 없는 사건, 그것과 관련해서 더는 주체가 아닌 그런 사건을 알려 줍니다(77쪽). 사람이 죽는다는 사실만큼 분명한 게 없지요. 이러한 죽음의 접근을 통해 알 수 있는 것은 우리가 '절대적으로 다른 것'(absolument autre)과 관계를 맺고 있다는 사실(85쪽)입니다. 다가오는 미래의 외재성은, 손에 거머쥘 수 없는 것이며, 우리를 엄습하여 우리를 사로잡는 것(86쪽)이에요.

레비나스의 얼굴 개념

레비나스는 죽음이라는 전적인 타자가 도사리고 있는 미래와의 관계가 타자와의 진정한 관계(87쪽)라고 말합니다. 홀로서기 한 존재자, 오직 현재에서 의식의 지향성으로 모든 대상을 유아론적으로만 파악하던 고독한 주체는 죽음을 통해 미래라는 불가항력적인 것을 만나는데, 타자란 미래와도 같은 그런 이들입니다. 레비나스의 잘 알려진 '얼굴'(visage) 개념은 여기서 등장합니다. 미래와의 관계, 즉 현재 속에서의 미래의 현존은 타자와 얼굴과 얼굴을 마주한 상황에서 비로소 실현되는 것(93쪽)이라면서요.

여기서 얼굴은 고독한 존재자가 지향성으로 인식하고 파악할 수 있는 사물과는 전혀 달라요. 사물은 부분으로 기능으로 의미가 있지만, 얼굴은 다르지요. 코와 입, 눈으로 이루어진 얼굴은 판자와 서랍, 책상 다리가 모여 책상이 이루어지는 것과는 다르니까요. 책상은 바라보지도 호소하지도 스스로 표현하지도 않지만, 얼굴은 바라보고 호소하며 스스로 표현합니다(135쪽). 레비나스는 우리가 과부와 고아와 같은 타인의 얼굴을 마주할 때 그와 동등한 입장에서 상호적이고 대칭적인 관계를 맺을 수 없다고 해요. 도리어 나는 더 낮은 곳에 서서 타자의 얼굴을 받아들이고 나의 재산과 기득권을 버림으로써 타자와 동등한 사람이 될 수 있지요. 흔히 윤리적 관계는 동등한 관계를 전제로 하지만, 레비나스는 매우 급진적으로, 내가 나 자신을 벗어나 그를 모실 때 비로소 그와 동등할 수 있다(140쪽)고 합니다.

이렇게 존재를 찢고 나왔으나 여전히 자기에게 갇혀 있을 수밖에 없는 고독한 존재가 죽음과 미래를 통해 시간이라는 타자를 만나고, 죽음과도 같은 타자들과 얼굴을 마주해서(face to face) 그보다 낮은 자리에 서는 윤리가 도출됩니다. 그런데 미래를 만난 현재, 죽음을 만난 삶, 타자를 만난 자아는 이제 어떻게 되는 것일까요? 그대로 있을 수도 없고 파괴될 수도 없고. 미래는 현재와, 죽음은 삶과, 타자는 자아와 접점을 유지해야 하는

데 그게 어떻게 가능할까요? 살아 있으면서 죽음을 극복한다는 것은 죽음이라는 사건의 타자성과 더불어, 그럼에도 불구하고 여전히 인격적이어야 할 관계를 유지한다는 말(98쪽)이잖아요.

아버지가 되는 길

아빠는 지난 편지 끝부분에서 아빠가 저를 타자로 대하지 못한 지점들이 있어서 미안하다고 하셨죠? 제가 자라면서 하고 싶었던 것들을 아빠의 기준으로 꺾었던 적이 있다면서요. 서로 기억하는 것이 다르겠지만, 아빠와 저는 참 비슷하면서 많이 다르기 때문에, 그리고 아버지와 아들이라는 권력 관계 때문에 어쩔 수 없는 부분이 있었으리라고 생각해요. 아빠의 사과에 대해 저는 역시 레비나스로 답하고 싶어요. 레비나스는 죽음을 만난 삶이 아무것도 할 수 없는 그때, 그럼에도 불구하고 자아가 자아로 남을 수 있는 상황, 곧 죽음에 대한 승리를 쟁취하는 방법은 "아버지가 되는 길"(112쪽) 외에는 없다고 답하거든요.

레비나스는 아들의 타자성은 다른 자아(alter ego)의 타자성이 아니라고(113쪽) 분명히 못 박습니다. 아들이 아무리 아버지의 아들이라고 해도 아버지가 원하는 대로 사는 제2의 자아가 아닌 것은 자명한 이치입니다. 바로 이 지점, 아버지의 삶의 연장선에 있으면서 아버지에게 결코 동화되지 않는 이 아들의 모습이 주체가 죽음을 이기는 방법이라고 레비나스는 이야기합니다. 주체가 타자에게 휘말리지 않고 주체성을 유지하는 방법은 바로 아들의 타자성을 통한 것이에요. 나의 일부이지만 내가 아닌 아들을 통해 비로소 '나'로 환원시키지 못하는, 그러나 '나'를 파멸로 이끌지도 않는 아들을 통해 유아론으로부터 해방될 수 있는 것입니다.

《시간과 타자》의 결론까지 왔는데 어때요? 저는 아빠와 저의 관계가 오히려 레비나스적이고, 그런 의미에서 아빠는 저를 타자로 대했다고 생각해요. 제가 고등학생 때 신앙과 학문에 대해 넘치는 궁금증을 아빠에게 편지로 질문하면서 아빠와 토론한 글을 모아낸 책《그런 하나님을 어떻게 믿어요?》를 요즘 다시 살펴보면, 그것은 아빠의 신앙과 신학과는 다른 저만의 사고방식을 갖고 싶어서 아빠와 지적인 분리를 해내려는 일종의 사춘기였던 것이 보여요. 그리고 시간이 흘러 이 글에서 지금, 아빠가 읽지 않은 책을 통해 아빠의 생각에 답변하고 또 질문하는 저의 모습을 보세요. 같은 듯 다르고 다른 듯 같은 우리가 얼굴을 맞대고 이야기하는 이 모습은 대단히 레비나스적이지 않나요?

낮은 곳으로

아주 개략적으로《시간과 타자》를 소개했지만 그런 와중에도 복잡한 철학 이야기를 많이 했네요. 이쯤에서 머리도 식힐 겸 잘 알려진 시를 한 편 소개하고 싶어요. 제가 생각하기에는 레비나스의 타자론을 참 잘 드러내는 아름다운 시입니다. 이정하의 〈낮은 곳으로〉입니다.

낮은 곳에 있고 싶었다
〔중략〕

그래 내가
낮은 곳에 있겠다는 건
〔중략〕

나의 존재마저 너에게
흠뻑 주고 싶다는 뜻이다
잠겨 죽어도 좋으니
너는
물처럼 내게 밀려오라

물처럼 밀려오는 너를 위해 낮은 곳으로 내려가 너를 맞을 준비를 하는 화자의 이 모습 또한 참 레비나스적이지 않나요? 마치 죽음처럼 다가오는 타자, 그렇지만 그의 얼굴을 마주하고 그의 새로운 모습을 나로 환원하지 않고 받아들이는 레비나스의 이야기는 시의 절정이자 마지막 부분, "잠겨 죽어도 좋으니/ 너는/ 물처럼 내게 밀려오라"라는 담담한 고백이자 선언에 압축되어 있는 것 같아요. 《시간과 타자》는 길지 않은 강의록이지만 철학적인 배경과 관념적인 논증을 요구하기 때문에 쉽지는 않은 책입니다.

이렇게 시까지 읽으면서 레비나스의 타자론을 살펴보니 제가 왜 바르트의 타자론과 엮이는 지점이 있다고 말했는지 느껴지시죠? 바르트가 인간으로 환원되지 않는 하나님을 부르짖은 것처럼, 레비나스도 주체로 환원되지 않는 타자를 말하잖아요. 그래서 바르트도 레비나스도 공통적으로 '전적 타자'를 말하는 것이고요. 그런데 두 사람은 타자론에도 접점이 있지만, 또 하나 공유하는 점이 있답니다. 20세기 유럽을 뒤흔든 히틀러주의……. 지난 편지에서 아빠는 바르트가 제국주의 전쟁에 지식인들이 동참하는 것에 실망했으며, 전쟁을 지지하는 신학은 신학의 실패라는 말을 인용하셨죠? 레비나스 또한 일가족 전체가 나치에 의해 희생당하는 큰 아픔을 겪은 사람입니다.

레비나스는 이러한 끔찍한 전쟁의 폭력이 서양의 오랜 전통 안에 타자가 없었기 때문이라고 해석해요. 모든 것을 '나'로 환원시키는 그 유아론적인 모습 속에서 서양철학은 자기를 중심으로 타자를 자기화하거나 배제해 왔다고 하지요. 무엇이든지 하나로 환원시키는 이 환원적이고 통일적인 사고 체계에 타자의 철학으로 도전하는 레비나스의 급진적인 주장에는 그가 피할 수 없었던 시대의 고민이 들어 있었던 것이지요. 그뿐 아니라 하이데거의 현상학에 정통했던 레비나스가 하이데거가 나치를 지지하는 태도를 보고는 현상학적 방법론을 비판적으로 검토했던 모습은, 바르트가 19세기 자유주의 신학을 공부하다가 스승 하르낙 같은 이들이 전쟁을 지지하는 모습에 실망하고 그들을 비판하던 것과 매우 닮았네요.

고독한 존재가 성립하지 않는다면?

이런 레비나스의 생각에 저는 분명히 동의해요. 저는 공부를 할 때 항상 여러 텍스트를 동시에 읽는데, 지금 꽂혀서 읽고 있는 텍스트를 그와 전혀 다른 전제와 맥락을 갖고 있는 텍스트들로 상대화할 때 오히려 새로운 것이 보이는 경우가 많거든요. 사람들을 만날 때도 내가 모르는 세계를 아는 사람을 만나는 것이 더 즐겁고요. 저의 세계에서는 전혀 이해할 수 없는 새로운 것을 마주하는 순간이 두렵고 싫을 때도 있지만 이내 그 얼굴을 마주하고 낮은 곳에서 대한다면 분명 의미 있는 성장을 거둘 수 있으리라 믿어요.

그런데 제게 큰 영향을 준 사상가 레비나스, 그중에서도 제가 정말 좋아하는 책이어서 프랑스어와 영어로도 꼼꼼히 읽었던 이 《시간과 타자》에도 의문이 남는 지점이 있어요. 레비나스는 존재로부터 빠져나온 존재자의 고독성을 향유와 지향성으로 채우지 못하고 시간과 타자를 마주치게 된다고 주장하지요. 그런데 만약 고독한 존재자가 애초에 성립하지 못한다면 어떻게 될까요? 조금 이상한 말로 들리지만, 더 괴상한 실제 사례를 들어서 레비나스의 철학에 딴죽을 걸어 볼까 합니다.

1989년 일본에서는 전국을 뒤흔든 끔찍한 미성년자 연쇄 살인 사건이 일어납니다. 범인은 미야자키 쓰토무. 유괴, 납치, 강간, 살인으로 이어지는 그의 잔혹한 범죄에서 유독 눈에 띄는 것은 '식인'입니다. 쓰토무는 살해한 여성의 사체를 먹은 혐의로 조사받기도 했고, 개중에 밝혀진 충격적인 것은 할아버지의 유골도 먹었다는 점입니다. 이 사람은 왜 타자를 먹었을까요?

먹을 수밖에 없었기 때문이에요. 쓰토무는 손목에 선천적인 장애가 있었고 부모도 그에게 무관심했다고 해요. 그러다 보니 유년 시절 자신과 놀아 주는 대상은 할아버지와 비디오 게임, 만화뿐이었지요. 그리고 할아버지 사망 이후 그의 억눌린 것들이 폭발하면서 범죄를 저지르게 된 것입니다. 할아버지의 사망은 그가 세상과 연결되는 마지막 지점이 끊겼다는 의미였고, 쓰토무는 그의 세계를 회복하기 위해서 할아버지의 유골과 살해한 시체까지 먹었답니다. 타자와 소통하는 방법을 거의 몰랐던 그가 타자와 유일하게 소통할 수 있는 방식은 비디오 게임과 만화처럼 화면 속의 인격과 사물을 철저히 대상화하는 것, 또는 타자의 신체성을 철저하게 나로 환원시키는 식인의 방법이 유일했던 거죠.

레비나스의 철학을 이야기하다가 뜬금없이 1980년대 일본의 강력 범죄를 언급하는 이유는, 쓰토무의 고독은 레비나스적인 의미에서의 존재자의 고독과 근본적으로 다름을 역설하기 위함입니다. 레비나스는 존재자가 타자를 만나면 그의 얼굴을 마주하고 그를 위해 살아야 한다고 말하지만, 쓰토무는 타자를 만나서 그의 얼굴을 보고는 죽여서 먹었습니다. 레비나스가 가장 경계했던 유아론적 식인이지요. 레비나스는 자기만 있어서 느끼는 고독함을 전제하지만, 쓰토무의 사례는 자기도 없는 고독함을 보여 줍니다. 쓰토무는 이정하 시인의 〈낮은 곳으로〉를 낭독할 수 있을까요?

그래서 저는 레비나스가 오히려 지나치게 튼튼한 존재감을 전제로 향유하는 존재자를 설정했다고 비판하고 싶어요. 레비나스는 서양의 유아론적 주체성을 비판했지만, 오히려 현대 사회의 개인들, 특히 동양적 맥락에서는 고독함을 느낄 존재자조차 너무 미약해서 문제이지 않나요? 개인의 주체성이 경시되는 우리 사회의 맥락에서 과연 레비나스적인 타자론이 성립할 수 있을지 의문이 듭니다. 이 지점은 일본 현대사를 같이 공부하는 스터디에서도 심도 있게 토론했고, 교양수업에서 "이빨, 피, 상처의 현상학"이라는 제목으로 소논문을 써보기도 했어요. 레비나스를 좋아하지만 좋아하는 만큼 시비도 제대로 걸어 보고 싶었거든요.

레비나스의 타자론을 나름 치밀하게 분석하고, 또 그 비판도 시도하면서 어느덧 편지도 끝나 가네요. 아우구스티누스의 《고백록》에 베르그송의 《물질과 기억》으로 답했고, 다시 바르트의 《로마서》에 레비나스의 《시간과 타자》로 답해 보았어요. 아빠, 그다음 주제는 벌써 예상이 되죠? 다음으로는 전적인 타자와의 만남 속에서 발생하는 '폭력'에 대해서 다뤄 보면 어떨까요? 방금 제가 소개한 미야자키 쓰토무의 사례처럼, 타자와의 만남에서 불가피하게 일어나는 사건이 다름 아닌 폭력이잖아요.

폭력이란 뭘까요? 그 기원은 무엇이고 거기에 어떻게 대처해야 할까요? 우리는 과연 폭력과 거리를 둘 수 있을까요? 아빠가 평화주의 신학의 전문가인만큼 폭력에 대한 아빠의 생각도 굉장히 궁금하네요. 그럼 저에게 언제나 좋은 타자인 아빠에게 보내는 두 번째 편지는 여기서 마무리하고, 다음 편지를 기다릴게요!

함께 읽고 싶은 책

에마누엘 레비나스, 《시간과 타자》, 문예출판사.
강영안, 《타인의 얼굴─레비나스의 철학》, 문학과지성사.
칼 바르트, 《개신교신학 입문》, 복있는사람.

5. 하나님은 폭력적인가?

구약성경 〈하박국〉 읽기

1980년대와 1990년대에 철학을 공부한 아빠는 루트비히 비트겐슈타인에서 멈췄지. 사회철학은 알튀세르와 그람시를 읽다가 그만두었고. 그러다 보니 당시 서서히 떠오르던 스타 철학자들과는 자연스럽게 멀어졌어. 그런 아빠에게 너의 베르그송과 레비나스 읽기는 눈을 밝게 해주는구나. 지난 편지에서 네가 썼다고 얘기한 소논문 "이빨, 피, 상처의 현상학"도 읽어 보고 싶다.

우리 대화가 '폭력'이라는 주제로 이어지는 것은 매우 자연스럽구나. 타자가 누구인가는 곧 폭력에 관한 물음과 다르지 않으니까. "저 푸른 초원 위에 그림 같은 집을 짓고 사랑하는 임과 함께 한 백년 살고 싶"지 않은 사람이 어디 있겠냐마는, 그 사랑하는 임과 갈등과 다툼을 통해서 성장하는 법이잖니. 평화주의 신학을 연구해 온 아빠가 이번에 고른 텍스트는 바로 구약의 〈하박국〉이야.

폭력에 관한 여러 책을 염두에 두고 의논할 때, 너는 성경 한 권을 고르는 것이 어떠냐고 했지. 신선한 제안이었다. 경전은 삶의 기준이요 잣대이자 척도이고 고전은 오래된 미래라고 정의한다면, 경전이란 신성한 고전이고 고전은 세속적 경전일 게야. 종교개혁자들이 하나같이 인문주의자이면서도 독실한 신자였던 것은, 경전과 고전이 하나는 아니더라도 결코 분리되지 않았기 때문일 거야. 그러니 우리의 대화 목록에 성경한 권이 포함되는 것은 마땅하겠지.

〈하박국〉이 폭력 텍스트?

〈하박국〉하니까, 예전에 모 신문사 기자랑 인터뷰를 했던 일이 기억난다. 인터뷰를 마치고 일어서는데, "목사님, 그런데 하박국은 어디에 있는 나라예요?"라고 물어서 한참 웃었다. 그럴 정도로 〈하박국〉은 잘 읽히지 않고, 스윽 넘어가기 딱 좋은 작은 책이지. 아빠가 피를 찍어 썼다고 얘기한《하박국, 고통을 노래하다》는 '고통'이라는 키워드로 〈하박국〉을 읽어 낸 책이야.

이 〈하박국〉은 구약의 어느 경전 못지않게 폭력에 관한 이야기를 담고 있는 텍스트란다. '단어'와 '구조' 두 가지 점에서 그렇지. '폭력'을 뜻하는 히브리어 '하마스'(חמס)가 총 6회(1:2, 3, 9, 2:8 그리고 2:17 2회) 사용되었는데, 본문 분량에 비해 단어 사용 빈도가 상당히 높지. 구약학자들은 하나같이 '하마스'(폭력)를 〈하박국〉의 핵심 단어로 꼽는다. 〈하박국〉의 주제가 2장 4절("의인은 그의 믿음으로 말미암아 살리라)의 '믿음'임에 틀림

없지만, 그 믿음은 폭력과의 관계 속에서 읽어야 한단다.

안타까운 것은 '개역한글' 성경과 '개역개정' 성경이 폭력을 "강포"라고 번역한 점이야. 르네 지라르는 모든 신화는 폭력에서 시작됐고, 그 폭력을 감추고 성스러운 것으로 제의화한다고 했지. 의도하지 않았겠지만, 우리말 성경에서 "강포"라고 번역하는 바람에 그 본래 의미가 잘 드러나지 않는구나. 강포라면 그저 우악스럽게 다그치는 인상을 줄 뿐, 폭력의 뉘앙스에는 미치지 못하지.

대표적인 예가 노아 홍수와 폭력의 상관관계를 보여 주는 창세기 6장 11절과 6장 13절인데, 여기서 하나님이 세상을 심판하는 궁극 원인은 폭력이지. 그런데 우리말 성경 번역이 아쉬운 게, '폭력'을 "무법천지"(새번역·공동번역), "포악함"(개역개정)이라고 했거든. 이와 달리 '가톨릭' 성경은 제대로 번역했더구나. "세상은 하느님 앞에 타락해 있었다. 세상은 폭력으로 가득 차 있었다"(11절).

그러니까 기독교가 인간을 죄인이라고 할 때의 죄인, 죄를 지었다고 말할 때의 죄란 다름 아닌 폭력인 거야. 내가 지은 죄는 타인에게 폭력을 행하고, 고통을 주었다는 뜻이지. 그리고 세상이 타락했다는 말은 내가 받은 폭력을 폭력으로 보복함으로써 끝없는 폭력의 악순환으로 사회 자체가 파멸에 이를 지경에 이르렀다는 것이고.

물론 너도 알다시피 단어를 통한 연구는 빈구석이 많지.

비트겐슈타인이 말했듯이, 의미는 논리실증주의자들의 주장과 달리 단어가 아니라 '문장 혹은 문맥'이거든. 과연 〈하박국〉이 폭력에 관한 텍스트인지를 가늠하는 데는 전체 흐름과 구조가 중요한데, 그걸 이야기해 보자꾸나.

〈하박국〉 1장 2-4절은 한 사회의 가장 근원적인 문제가 폭력임을 폭로해. 그러자 하나님은 1장 5-11절에서 바벨론의 폭력으로 유다를 심판한다고 하고, 놀란 예언자는 폭력으로 폭력을 심판하는 방식이 하나님의 존재와 성품에 합당한지 따져 묻지(1:12-17). 하나님의 대답은 '폭력은 폭력에 의해 망한다'는 다섯 가지 저주 선언이야(2장). 마지막 3장은 하나님이 몸소 전사(warrior)가 되어 심판하신다는 것으로 끝이 나지.

〈하박국〉을 찬찬히 읽어 보면, 일관되게 폭력을 다루는 텍스트라는 사실을 확인할 수 있어. 그래서 나는 크게 세 가지로 논점을 추려 보았단다. 〈하박국〉이 말하는 폭력이란 무엇인가? 폭력으로 폭력을 해결하는 것이 가당키나 한가? 하나님께서 폭력의 당사자, 집행자가 된다는 것을 어떻게 해석해야 하는가?

폭력이란?

그런데 평화주의를 공부하면 할수록 폭력을 정의하기가 너무 어렵더구나. 가볍게 정의하면, 주체의 의지와 의사를 타자에게 물리적으로 강제하는 것이 폭력이야. 여기서 중요한 것은 '힘'이지. 힘과 관련된 용어는 크게 권력(power), 폭력(violence), 강제력(force), 세 가지가 있다. 가장 기본적인 것은 강제력인데, 주체가 타자에게 어떤 힘을 사용하여 무언가를 하게 하는 거를 말한다. 그것이 물리력을 수반하면 폭력이 되고, 합법화된 사람이나 시스템이 사용하면 권력이라고 하지.

폭력과 권력은 구분하기가 쉽지 않아. 발터 벤야민의 유명한 에세이 〈폭력 비판을 위하여〉를 보면, 폭력과 권력이 마치 동전의 양면과 같아. 그건 그의 모국어 때문일 거야. 독일어 'Gewalt'가 힘, 강압, 폭력과 함께 권력을 뜻하니까 말이야. 반면, 영어에는 'power'와 'violence' 두 단어가 있지. 그래서 한나 아렌트는 권력과 폭력을 철저히 구분해. 권력은 폭력과 달리 물리적 힘이 아닌 말과 토론이 이루어지는 영역이니까. (다음 편지에서는 권력 또는 국가에 대한 이야기를 하면 좋겠다.)

〈하박국〉은 물론이고 성서 자체는 폭력에 대해 엄밀하게 개념 정의를 내리지 않아. "겁탈과 강포"(1:3, 개역개정) 혹은 "약탈과 폭력"(새번역)으로 표현하는데, 기본적으로 타인에게 해를 끼치는 것, 포악하게 대하는 것, 폭행을 가하는 것을 의미해.

그런데 폭력은 고통과 연관된단다. 아빠가 〈하박국〉에서 폭력에 주목했던 것은 폭력과 고통이 밀접한 상관관계를 지니기 때문이야. 고통의 대부분은 폭력에서 생겨나지. 고통을 말할 때, 대개 자연현상에 의한 것은 빼고 사회적인 측면을 다룬

단다. 그래서 "모든 고난이 폭력과 연결된 것은 아니지만, 어떤 시대의 고난이건 간에 폭력과 결부되어 있다. 그 증거가 하박국의 예언서다"(《하박국, 고통을 노래하다》, 39쪽)라고 썼지.

폭력에 관한 〈하박국〉의 놀라운 통찰 중 하나는, 폭력은 폭력을 신으로 여긴다는 거야. 그들은 "제 힘이 곧 하나님"(1:11, 새번역)이라고 생각한다. 이를 공식화한다면, '힘 = 신' 혹은 '폭력 = 종교'인 게지. 무릇 종교가 구원의 문제를 다루는 것이라면, 폭력이 세상을 구원한다는 신념은 세속적 구원론이지. 그 구원관에 따라 폭력을 행사하는 자들은 "자기들이 하는 것만이 정의"(1:7, 새번역)라고 생각한다. 정의를 위한 폭력은 정당하고, 폭력으로라도 정의를 기필코 이루겠다는 열정은 종교에 못지않은 광기이지.

자기 생각을 정의라고 믿으며 폭력을 정당화한다면, 폭력을 행할 때 그 자신을 신이라고 느끼지. 내 주먹과 돈으로 상대방을 맘대로 휘두르고 주무를 때, 내가 타인의 머리 위에 군림한다는 것을 확인할 때, 이루 말할 수 없는 쾌감을 느낀단다. 남을 내 뜻대로 조종하고 통제할 때, 자신은 그에게 신이 된 것과 다를 바 없는 셈이지. 바로 그 맛 때문에 갑질을 하고, 약한 이들을 난폭하게 대하는 거고. 그러니 폭력이란 약자에게는 고통이고 강자에게는 종교 같은 것이야.

폭력은 폭력으로!

이제부터는 쉽사리 받아들이기 어려운 이야기가 될 듯하구나. 설상가상이라는 말이 딱 맞을 거야. 자기 조국 유다의 폭력에도 화가 나는데 하나님께서 바벨론을 통해 자기 백성 유다를 심판(1:5-11)하다니. 1장 5-11절은 바벨론의 폭력성을 가감 없이 드러낸다. 바벨론은 '표범', '늑대', '독수리'로 표상된다. 짐승인 게지. 정글의 포식자가 되어 힘 약한 이들을 닥치는 대로 마구 잡아먹는 맹수 말이다. 일반 역사가들은 제국을 칭송하는 경향이 있지만, 성서는 특이하게도 제국을 짐승으로 깔본단다. 요한계시록에서 로마를 짐승이라고 지칭하지 않았니. 그 위대한 제국 로마를 네 발 짐승이라고 하다니. 하지만 틀린

늑대 젖을 먹는 '로물루스와 레무스' 형제.

말은 아니지. 로마를 건국했다는 로물루스와 레무스가 늑대 젖
으로 자랐다니까.

그런데 바벨론에 의한 유다 심판은 세 가지 난점이 있어.
악한 제국이 그나마 덜 악한 약소국을 짓밟는다는 점, 더 큰 폭
력으로 더 작은 폭력을 잠재운다는 점, 마지막으로 그것이 결
코 선하신 하나님답지 않다는 점이지. 폭력이 난무하는 세상을
방치하는 듯한 하나님의 무력함과 무능함도 참기 어려운데, 의
롭고 선하신 하나님이 불의한 자의 악한 폭력을 사용하시다니,
용납하기 어렵지 않겠니.

라이문트 슈바거는《희생양은 필요한가?》에서 하나님의
폭력에 관한 본문을 네 그룹으로 구분한다. 이해하기 힘든 하
나님의 분노, 인간의 범죄에 대한 심판으로서의 복수, 하나님
이 폭력을 실행하는 직접적 보복, 마지막으로 자기가 행한 폭
력에 자기가 희생당하게 하는 간접적 복수. 세 번째와 네 번째
그룹이 문제가 되는데, 〈하박국〉에는 둘 다 들어 있단다. 1장
5-11절은 세 번째, 2장 5-20절은 네 번째 그룹에 해당하는 대
표 본문이야.

세 번째 그룹의 본문도 하나님의 직접 복수가 아니라 인간
을 통한 심판이다. 폭력은 인간의 것인데, 이를 신적인 복수로
해석하는 거지. 이것은 유일신앙의 필연적 딜레마란다. 모든 것
이 하나님의 뜻에 의해 창조되고 발생한다면, 바벨론의 폭력으
로 유다의 폭력을 심판하는 것 또한 하나님의 경륜에 의한 것

이라고 인정할 수밖에 없거든. 그리하여 각자의 폭력으로 서로를 파괴하고, 결국 자기 폭력으로 자기가 멸망하도록 '내버려두시'는 거지. 그래서 예수님도 칼로 일어선 자는 칼로 망한다고 하신 거고(마 26:52).

그런데 성서를 차례대로 읽는다면, 〈하박국〉을 읽기 전에 반드시 거쳐야 할 예언서가 있단다. 바로 〈나훔〉이야. 〈나훔〉은 니느웨, 그러니까 앗시리아 제국의 심판에 관한 메시지를 담고 있다는 점에서 니느웨에 대한 하나님의 무한한 자비를 보여주는 〈요나〉와 대조된다. 그래서 폭력을 행사하는 제국에 대한 심판을 선언하는 〈나훔〉을 읽은 다음, 그 제국을 사용하는 것이 가능하다는 〈하박국〉이 등장하지. 그러한 성경의 편집 순서를 따라 읽어야 해.

폭력적 제국에 대한 사랑을 말하는 〈요나〉와 심판을 외치는 〈나훔〉. 제국을 심판하는 〈나훔〉과 제국을 사용하는 〈하박국〉! 이 큰 그림을 그리지 못한 채 〈하박국〉에만 코를 박고 본다면, 코끼리 다리 만지기가 아니고 뭐겠니. 폭력적 제국을 용서하시는 하나님의 사랑, 그럼에도 그들의 악과 폭력으로 스스로 멸망하도록 이끄시는 하나님의 진노! 폭력을 심판하는 하나님, 폭력을 이용하는 하나님이라는 성서 안의 다양성과 긴장을 잃어버린 기독교 평화주의는 순진할 뿐이야. 둘 다를 말하면서도 결국 평화로 수렴해야 해.

폭력적 하나님?

이제 피할 수 없는 물음, '과연 하나님은 폭력적인가'에 다다랐구나. 3장 3절부터 15절까지는 소위 '신적 전사'(Divine Warrior)에 관한 고전적 본문이란다. 하나님이 전사로 완전무장하고, 당신의 적들을 초토화하시는 장면이지. 앞에서 폭력을 허용하거나 사용하여 폭력에 대처한다는 참으로 난처한 신의 경륜을 보았는데, 이제는 폭력자라니.

이번에 읽게 된 논문 제목을 보고 굉장히 놀랐다. 〈비폭력적 예언자와 폭력적 하나님〉(Non-violent prophet and violent God in the book of Habakkuk, *Old Testament Essays*, 16:2, 2003, 422-434). 예언자는 일관되게 폭력을 고발하고 반대하고 저항하고 몸서리치는 반면, 하나님은 폭력을 묵인하고 허용하고 조장하고 집행하니까 저런 제목이 가능한 거겠지. 전쟁의 신으로 등장하는 이 텍스트를 어떻게 읽어야 할까?

첫째, 전사로서의 하나님은 고대 근동의 보편적 신 이해였어. 구약성경도 다르지 않아. 그러니 우리 눈에 놀라울 뿐이지 특이하달 것도 없어. 당시 문헌들과의 차이는 윤리야. 당시의 신들은 세상을 심판하는 기준도 없이 그저 신들의 기분과 감정에 좌우되었다면, 성서의 하나님은 그 사회의 부정의에 대한 정의로운 심판관이었어. 〈하박국〉 3장의 신적 전사도 정의를 수행하고 있고. 폭력을 묵인하고 허용하는 하나님에 대해 반발했던 예언자가 그의 명령을 믿음으로 받아들인 것도 그 때문이지.

그것은 정의인 동시에 소망이기도 해. 이 소망은 부정적으로는 '소망적 사고'(wishful thought)일 테고, 긍정적으로는 현재에 대한 비관과 미래에 대한 낙관이야. 악인은 반드시 궤멸될 것이고, 정의는 반드시 승리하고 만다는 절박하면서도 담대한 확신이 아닐까?

이 대목에서 최남선과 이광수의 변절을 생각했단다. 그들이 3·1운동을 주도할 때의 신념을 버리고 친일로 전향한 것은 일제가 쉽사리 멸망하지 않을 거라고 보았기 때문이야. 저 막강한 제국은 자신의 예상과 달리 너무 강고하고 오래 지속될 듯 보인 반면, 자신의 조국과 백성은 허약하고 무력해 보였던 거지. 희망이 없으니 즉각 현실에 순응하는 거야. 희망의 힘은 실로 강하단다.

제국이 제아무리 강고해 보여도 무너지고 말아. 그건 역사가 증명하지. 다만 우리 기대와 달리 그리 가까운 시일은 아닐 거야. 그렇다고 그리 오래 걸리지도 않을 테고. 반드시 망할 거야. 망해야 하고말고. 그러기에 하박국은 눈물 나는 현실임에도 불구하고 씩씩하게 저항의 노래를 부르는 거지.

그런데 또 하나의 반전이 준비되어 있단다. 그것은 하나님의 적이 누구냐 하는 거야. 그야 당연히 바벨론이겠지 하고 지레 짐작하면 안 된다. 유다의 폭력을 바벨론을 통해 응징한다고 했을 때, 하나님의 원수는 바로 그분의 백성이었어. 이스라엘의(of) 하나님은 이스라엘을 위한(for) 하나님이기도 하지만, 이스라엘에 반하는(against) 하나님이기도 하셔.

완전무장한 하나님의 공격에 하박국은 사시나무 떨 듯이 떨어(3:16). 왜? 그건 전사이신 하나님의 현현에 압도당한, 누미노제 현상일 거야. 또한 바벨론에 의한 이스라엘의 침략이 멀지 않았기 때문에 미치겠는 거지. 하나님의 최강 군대가 그분의 백성을 타격하고 계신다니, 공포에 사로잡힐 수밖에.

그런데 기독교 진영 내에서 '하나님의 전쟁' 운운하는 일이 있더라. 자신이 하는 일만 마치 하나님 일인 양 여기고, 반대쪽을 하나님의 적으로 간주하더라고. 종교적 근본주의자들 말이다. 자신들이야말로 하나님의 대리자라고 철석같이 확신하지만, 거꾸로 하나님의 대적이 될 수 있다는 점을 간과하면 안 되지.

전사이신 하나님의 적은 정의를 거역하고 폭력을 일삼는 이들, 폭력으로 약자와 빈자, 소수자를 피 흘리게 하는 자들이야. 기독교의 정신과 가치를 수호하고 실현한다면서 다른 누군가에게 폭력을 사용하는 순간, 우리는 하나님의 원수로 전락하고 만다. 이 점을 한국 교회가 유념했으면 하는 바람을 가져 본다.

마지막으로, 전사이신 하나님은 인간의 무력과 폭력을 원천적으로 배제한단다. 대표적인 경우가 홍해 사건인데, 하나님이 모세와 백성들에게 요구한 것은 그냥 가만히 있는 것(출

14:13)뿐이었지. 할 게 없어. 있다면 기도와 찬양이고. 그래서 하박국도 기도하고 찬양을 하는 거고. 무장한 예언자만이 성공한다고 마키아벨리가 말했지만, 무장한 하나님은 우리의 무장을 해제시켜.

구약에서 통상적으로 하나님의 폭력을 담고 있는 듯이 보이는 본문들도 다시 들여다보면, 하나님이 폭력을 직접 행한 적은 잘라 말하건대 없단다. 자연 아니면 인간에 의한 폭력을 신적인 것으로 해석하는 거지. 인간의 폭력을 제거한다는 점에서 발터 벤야민의 신적 폭력과 맞닿아 있기는 하다.

하여간 폭력이 인간적 현상이라면, 하나님은 일체의 인간적 폭력을 중단시키신단다. 그래서 톰 요더 뉴펠트는 신적 전사가 신약에서는 믿음, 소망, 사랑과 같은 미덕 혹은 성품으로 변주된다고 주장하지(*Put on the Armour of God*, Bloomsbury Publishing, 1997, 88쪽). 음, 이건 논의를 꽤 벗어난 것이니 여기까지만 얘기하마.

이제는 기다릴 뿐

사랑하는 아들, 너와의 서신 교환이 글 쓰는 부담도 주지만, 내 밀린 숙제를 풀어 주었단다. 아빠가 《하박국, 고통을 노래하다》를 쓰면서 피한 두 가지 주제가 있어. 하나는 다섯 가지 저주 선언의 사회적 측면인데, 개정판을 내면서 추가했지. 다른 하나는 계속 묻어 두었는데, 바로 3장에 나오는 '신적 전사'이다. 네 덕에 덮어 놓았던 숙제를 마침내 풀게 되었으니 묵은 체증이 풀리는 느낌이다. 고맙다.

하박국은 망루 위에 올라가 하나님의 대답을 기다렸지만, 나는 내 서재에 틀어박혀 너의 답신을 기다리마. 경전을 다룬 터라 폭력을 신과 연결 짓는 것이 당연했다만, 신과 종교라는 덮개를 걷어 낸 폭력에 대한 너의 철학적 이해를 기대할게. 설사 '무화과나무가 무성하지 못하며 포도나무에 열매가 없다' 할지라도 너의 서신이 내게 큰 기쁨이고 내 발을 경중경중 뛰게 한다는 것, 잘 알지?

함께 읽고 싶은 책

구약성서 〈하박국〉, 〈나훔〉, 〈요나〉.
김기현, 《하박국, 고통을 노래하다》, 복있는사람.
라이문트 슈바거, 《희생양은 필요한가?》, 가톨릭대학교출판부.

6. 인간은 폭력적이다

토머스 홉스의 《리바이어던》 읽기

어느덧 세 번째 편지를 쓰네요, 아빠. 우리가 인간사를 관통하는 가장 오랜 주제를 두고 토론하는 와중에 시간이 금세 흘러서 계절이 바뀌었어요. 수 세기를 버텨 오며 지성이 농축된 고전을 읽다가 고개를 들어 계절의 변화를 느끼고 있으면 우리가 살아가는 이 순간이 얼마나 짧은지 새삼 느껴지곤 하네요. 제 삶 이전부터 존재해 온 이 낡은 책이 덧없는 것일까요, 그 앞에 놓인 제 삶이 덧없는 것일까요? 공부하는 사람이라면 누구나 이런 고민을 마주하는 순간이 있을 거예요. 그래도 아빠와 고전을 논하는 지금은 그런 덧없음을 상상하지 않고 이야기할 수 있는 열정적인 시간이에요.

아빠가 하박국의 고통을 다룬 책을 쓰면서 많이 연구했다는 거야 잘 알고 있지만, 폭력에 대한 고전으로 〈하박국〉을 꼽을 거라고는 전혀 예상치 못했어요. "제 힘이 곧 하나님"이라고 여기게끔 하는 폭력의 신적 충동, 그러나 정작 하나님은 결코 폭력을 용납하지 않으며, 설령 하나님의 폭력으로 보이는 것이 있다고 하더라도 그것은 반드시 종말론적 평화로 가는 길이라는 신학적 해석은 정말 탁월했습니다. 비교적 덜 읽게 되는 〈하박국〉에 이런 보물 같은 논의가 숨어 있을 줄은 꿈에도 몰랐거든요.

사실 폭력에 대한 논의를 제안하면서부터 다루고 싶은 몇 몇 학자들이 있었는데, 〈하박국〉을 읽으면서 이 사람으로 정할 수밖에 없었어요. 앞선 두 차례의 편지에서 베르그송과 레비나스를 같이 읽으면서 현대 프랑스 철학의 조류를 살짝 맛보았는데, 이번에는 시간과 장소를 조금 옮겨 보려 해요. 폭력에 대한 비상한 통찰이 담겨 있는, 17세기 영국의 토머스 홉스가 쓴 《리바이어던》이 오늘의 주인공입니다. 정치·사회 사상

토머스 홉스의 《리바이어던》(*Leviathan*, 1651) 표지.

사에서 도저히 빼놓을 수 없는 고전이면서도 저 나름의 인간 이해에 큰 영향을 미친 소중한 책이에요. 뭐가 그렇게 대단하기에 그리도 유명한 책인지, 〈하박국〉과의 연결고리를 더듬어 찾아볼까 해요.

구약의 욥기에 등장하는 괴물

《리바이어던》을 읽으면서 책 제목과 표지를 빼놓고는 이야기할 수 없겠지요. 잘 알려져 있다시피 '리바이어던'은 구약의 욥기에 등장하는 괴물입니다. 성경에서는 리바이어던을 거대하고 악한 괴물로 묘사하지만, 홉스는 이를 상징적으로 끌어들여 정치적 주권의 별칭으로 사용합니다. 리바이어던을 하나님께 대적하는 악마가 아닌, 도리어 하나님으로부터 권한을 부여받은 국가로 해석하지요. "이리하여 바로 저 위대한 리바이어던(Leviathan)이 탄생한다. 아니, 좀 더 경건하게 말하자면 '영원불멸의 하느님'(immortal God)의 가호 아래, 인간에게 평화와 방위를 보장하는 '지상의 신'(mortal god)이 탄생하는 것이다"(232쪽).

그렇다면 이 리바이어던은 그 막강한 힘으로 무엇을 한다는 걸까요? 하나의 산맥과 마을을 통째로 뒤덮는 기세의 거인이 왕관을 쓰고 전사의 검과 성직자의 지팡이를 든 모습이 리바이어던의 힘을 적나라하게 보여 줍니다. 그런데 가만히 살펴보니 거인은 빼곡하게 서서 거인을 바라보고 있는 수많은 사람들로 이루어져 있네요. 표지의 아래쪽에 왕과 교황의 권한을 상징하는 그림들이 나열되어 있는 것까지 보면 의미를 대략 유추할 수 있습니다. 세속과 교회를 아우르는 무소불위의 권력, 이것이 홉스가 그리는 리바이어던입니다.

아빠도 잘 아시다시피 홉스는 단순한 권력을 넘어서 상상할 수 있는 가장 강대한 힘을 구축할 것을 주장합니다. 왜 그랬을까요? 바로 폭력의 문제 때문입니다. 수많은 사람들을 자연상태에 그대로 두었을 때 일어나는 끝없는 폭력의 연쇄를 끊기 위해 그 무엇보다 강한 리바이어던이 폭력을 통제하는 것이지요. 홉스는 지극히 현실적인 안목으로 인간성의 가장 깊은 곳에 있는 원칙들을 찾아내고 그를 통해 안정적인 조직을 구축할 수 있도록 하는 해설자가 되기를 자처합니다. 그렇다면 이제 홉스의 도움을 받아서 폭력은 무엇이며 그 기원은 어디에 있는지, 그리고 그것을 어떻게 막아 낼지 살펴볼까요?

인간의 자연상태, 그 복됨과 비참함에 대하여

《리바이어던》의 내용을 이 편지에서 충분히 다 녹여 내고 싶지만, 한글 번역본을 기준으로 1,000쪽에 육박하니 아쉽게도 그럴 수는 없겠네요. 저의 이런 사정을 예측하셨는지, '리바이어던 강독' 수업에서 정치철학 교수님은 《리바이어던》은 13장만 읽으면 다 읽은 것이나 다름없다"는 말씀을 자주 하셨어요. 고작 7쪽뿐인 짧은 장이지만, 꼼꼼히 살펴보면 과연 책의 핵심적인 전제와 결론을 함축하고 있다는 것을 알 수 있지요. 그러니까 아빠, 13장을 통해 《리바이어던》을 조망하면서, 이 책을 탐험해 보면 좋겠습니다.

"인간의 자연상태, 그 복됨과 비참함에 대하여"라는 의미심장한 제목의 13장은 '모두 평등하다'는 말로 시작됩니다. 자연이 인간을 육체적·정신적 능력의 측면에서 평등하도록 창조했다는 것이지요(168쪽). 불평등과 차별이 시대적 주제인 지금 보면 기가 막히는 말로 들립니다. 아빠와 제가 같이 본 영화 〈기생충〉도 떠오르고요. 그렇지만 여기서 말하는 평등의 의미는 '신체적 평등'입니다. 힘이 센 사람도 약한 이들이 연합하면 죽일 수 있고, 간혹 특출한 정신적 능력을 가진 사람이 있긴 하지만 서로 자기 잘난 맛에 사는 건 다 비슷하니까요.

이렇게 평등한 능력에서는 희망도 평등하게 생깁니다. 원하는 것이 같아지고, 같은 것을 놓고 두 사람이 싸우는 일이 생기지요. 본능적으로 자기 보존을 추구하는 인간은 이제 서로를 향한 불신을 키우게 되고, 무럭무럭 자라난 불신은 전쟁이라는 열매를 맺게 되지요. 언제 누군가 내가 가진 것을 취하기 위해 나를 공격할지 모르는 정글 같은 삶은 그렇게 시작되지요. 홉스는 전쟁의 끔찍함을 잘 아는 사람이었습니다. 홉스는 스페인의 무적함대가 쳐들어온다는 소문에 놀란 어머니가 그를 조산한 터라 "나는 공포와 쌍둥이로 태어났다"는 슬픈 농담을 자주 했고, 세계대전 이전 유럽에서 가장 끔찍한 전쟁으로 손꼽히는 '30년전쟁'을 경험했으며, 잉글랜드 내전 때문에 피난을 다니기도 했으니까요.

그러한 삶의 맥락 때문인지 홉스는 그 무엇보다 강한 권력이 떡 버티고 있지 않으면 전쟁이 일어난다고 말합니다. "인간은 그들 모두를 위압하는 공통의 권력이 존재하지 않는 곳에서는 전쟁 상태에 들어가게 된다는 것이다. 이 전쟁은 만인에 대한 만인의 전쟁이다"(171쪽)라는 유명한 구절에 그의 정치철학과 지난했던 삶이 함축되어 있습니다. 그런데 아빠, 여기까지 보면 홉스는 인간을 서로 공격하지 못해 안달 난 잔혹한 악마로 묘사한다는 느낌도 듭니다. 전쟁이 끔찍한 것이야 알겠는데 그게 그렇게 보편적인가 하는 의심이 들잖아요. 이럴 줄 알고 홉스는 맞아떨어지는 예시를 들려주어요.

우선 나의 추론에 대해 의심을 품는 그 사람 자신의 행동을 살펴보기로 하자. 여행 갈 때는 무장하고, 여러 사람과 같이 가려고 한다. 잠자리에 들기 전에는 반드시 문단속을 한다. 집에 있을 때에도 금고 문을 단단히 잠가 둔다. 여행지에서 만나게 될 사람들도 한 나라 백성인데 그들을 도대체 어떻게 생각하기에 무장하고서야 말 등에 오르는 것일까? 이웃사람들을 어떻게 생각하기에 문단속을 그처럼 철저히 하는 것일까? 집안 아이들과 하인들을 어떻게 여기기에 금고 문을 잠가 두는 것일까? 내가 말로써 인류를 비난하고 있다면, 그런 사람들은 행동으로써 인류를 비난하고 있는 것은 아닐까? (172쪽)

인간은 본성적으로 자기를 보존하고 그러기 위해 타인을 의심한다는 것이지요. 그러나 홉스는 이것이 결코 인간의 본성을 비난하는 것이 아니라고 합니다. 법, 곧 두려워할 만한 공통의 권력(173쪽)이 없다면 인간은 누구나 전쟁 상태에 빠지게 된다는 것이지요. 홉스가 볼 때, 모두가 '무기를 들고 서로 노려보는 검투사와 같은 자세'로 서로를 견제할 때 백성들은 생업을 보장받고 개개인의 자유를 누릴 수 있습니다. 반면, 만인이 만인에 대한 전쟁을 벌일 때는 정(正)과 사(邪), 법과 불법, 그리고 내 것과 네 것의 경계가 사라져 인간성의 가혹한 지점이 부각됩니다. 그렇다고 해서 홉스가 인간에 대한 신뢰가 아예 없는 사람은 아니에요.

신의계약(信義契約)

인간의 본성을 정념(passion)으로 이해하는 홉스이지만, 자연상태의 가혹함에서 빠져나올 수 있는 가능성을 부정하지는 않습니다(174쪽). 인간을 평화로 향하게 하는 정념이 있다는 것이지요. 그런데 여기서 한 가지 주의할 게 있더군요. 자연상태를 탈출해 법과 질서가 있는 공동체를 조직할 때 거기서 '조화'는 큰 역할을 하지 않는다는 것입니다. 그가 생각한 리바이어던의 모습을 책의 맨 첫 부분을 통해 살펴볼 수 있어요.

리바이어던이 창조되는데, 이것이 바로 인공 인간(artificial man)이다. 자연인을 보호하고 방어할 목적으로 만들어졌기 때문에 자연인보다 몸집이 더 크고 힘이 더 세다. 이 인공 인간에게 있는 '주권'은 인공 '혼'으로서 전신에 생명과 운동을 부여한다. '각부 장관들'과 사법 및 행정 '관리들'은 인공 '관절'이다. '상벌'은 모든 관절과 사지를 주권자와 연결시켜 그 의무의 수행을 위해 움직이도록 하는 것이므로 자연인의 신체에서 '신경'이 하는 것과 똑같은 일을 한다. 구성원 개개인 모두의 '부'와 '재산'은 그의 '체력'이다. '인민의 복지'(salus populi)와 '인민의 안전'은 그의 '업무'이다. '조언자들'은 그가 알고 있어야 할 내용들을 제안하기 때문에 그의 '기억'이다. '공평'과 '법'은 인공 '이성'

이며 '의지'이다. '화합'은 '건강'이다. '소요'는 '병'이다. 그리고 '내란'은 '죽음'이다. 끝으로 이 정치공동체의 각 부분을 처음 제작하고 모으고 결합하게 만든 '약정'(約定, pacts)과 '신의계약'(信義契約, covenants)은 하느님이 천지를 창조하실 때 '이제 사람을 만들자'고 선언하신 '명령'과 같다고 할 수 있다."(22쪽)

국가를 신체로 비유하는 가장 고전적인 방식은 역할의 적절한 분배에 따른 조화입니다. 플라톤이 국가를 구성하는 세 가지 계층인 통치자, 수호자, 생산자를 각각 머리, 가슴, 배로 비유한 점이나 인간의 정치적 특성을 중심으로 조화로운 공동체적 삶 속에서 목적과 행복을 찾는 아리스토텔레스의 관점이 대표적이지요. 그러나 홉스가 설계한 이 인공 인간은 하나의 완전한 기계입니다. 자연적인 조화나 독단적 결정도 아닌, 국가 그 자체가 스스로 움직이는 완전체. 이것이 바로 서로가 서로를 학살하는 끔찍한 자연상태를 극복하기 위해 홉스가 내놓은 괴물이에요.

이 괴물을 만들기 위해서는 하나님의 창조적인 말씀, 로고스와 같은 신의계약이 필요합니다. 신의계약은 그 유명한 '상호 간의 권리포기'라는 사회계약을 맺고, 이것을 반드시 지키는 것이에요. 모두가 권리를 양도해서 평화를 유치해 내야 합니다. 이 신의계약이 성립되기 전에는 어떤 행위도 불의(不義)가

될 수 없어요(194쪽). 그런데 이 신의계약에는 아주 중요한 요소가 하나 더 들어가야 합니다. 바로 폭력이지요. 신의계약의 의미를 지키기 위해 무엇이 필요한지, 홉스는 이렇게 얘기합니다.

요컨대 '대접받고자 하는 대로 대접하라'는 자연법 그 자체는 어떤 힘에 대한 공포 없이는 지켜지지 않는다. 왜냐하면 우리의 자연적 정념은 그 반대의 방향〔…〕으로 우리를 이끌기 때문이다. 또한 칼 없는 신의계약은 빈말에 불과하며, 인간을 보호할 힘이 없다. 자연법이 존재한다 하더라도 〔…〕 어떤 권력이 확립되어 있지 않으면, 혹은 확립되어 있다 하더라도 사람들의 안전을 보장하기에 족할 정도로 강력하지 않으면, 모든 인간은 타인에 대한 경계심을 품게 되고, 따라서 자기 자신의 힘과 기량에 의지하려 들 것이다. (228쪽)

아빠, 칼 없는 신의계약은 없다는 홉스의 말이 참 날카롭지 않나요? 생각해 보면 당연한 말일지도 모릅니다. 제아무리 타당한 규칙이어도 지켜지지 않았을 때 제재가 없다면 유지하기 힘들겠지요. 홉스는 인간이 스스로를 신의계약으로 이끌어 갈 것이라며 신뢰하지만, 칼 없이도 신의계약을 지킬 것이라고까지 신뢰하지는 않습니다. 바로 이때 사람들로 하여금 계약을 따르게 하는 합법적인 폭력, 즉 '주권'이 절실합니다. 이 인공적일 뿐 아니라 신체에 비유될 정도로 유기적인 주권이 바로 리바이어던이고, 이 통찰을 담은 책이 바로 《리바이어던》이지요.

폭력과 권력

아주 간단하게 《리바이어던》을 읽어 보았는데, 생각보다 '폭력'이라는 말이 많이 등장하지 않지요? 지난번 아빠의 편지에 독일어 단어 'Gewalt'에 대한 간단한 분석이 있었던 것을 기억해 보시면 좋겠어요. "폭력과 권력은 구분하기가 쉽지 않아. […] 마치 동전의 양면과 같아. […] 독일어 'Gewalt'가 힘, 강압, 폭력과 함께 권력을 뜻하니까 말이야. 반면, 영어에는 'power'와 'violence' 두 단어가 있지. 그래서 한나 아렌트는 권력과 폭력을 철저히 구분해"라고 쓰셨잖아요. 그러면서 〈하박국〉에 드러난 폭력에 대한 통찰, 폭력은 스스로 신이 되어 타자에게 고통을 가한다고 덧붙이셨고요. 그러나 홉스에게서 폭력은 권력으로 변모하고, 권력은 폭력을 포함하지요. 홉스의 글을 읽고 나면 그 둘의 유착을 이해할 수 있습니다.

《리바이어던》의 부제는 "교회국가 및 시민국가의 재료와 형태 및 권력"입니다. 영어 제목은 "The Matter, Form, and Power of a Commonwealth Ecclesiastical and Civil"이지요. 그런데 더 깊은 독해를 위해 독일어 번역본으로도 《리바이어던》을 한창 읽다가 문득 표지를 보고는 깜짝 놀랐습니다. 독일어 부제는 "von Materie, Form und Gewalt des kirchlichen und bürgerlichen Staates"라고 번역되어 있더라고요. 무의식적으로 저는 영어 부제의 'power'가 일반적으로 권력을 의미하는 'Macht'나 (니체의 저서 《권력에의 의지》의 원제도 Wille zur Macht지요), 인공 괴물인 리바이어던의 신체적이고 물리적인 힘을 강조하기 위해 'Kraft'가 사용되었으리라고 생각했거든요.

이 예시와 함께 아빠의 편지를 재차 읽으며 여기서는 'power'가 'Gewalt'로 번역되는 것이 타당하다고 납득했습니다. 방금 말했듯이 홉스의 정치철학에서 권력(power)은 폭력(violence)과 강제력(force)에서 출발하고 또한 권력은 폭력과 강제력으로 향하니까요. 아빠 말처럼 한나 아렌트는 'power'와 'violence'를 철저히 구분했지만, 홉스에게 두 단어는 크게 다르게 느껴지지 않았을 거예요. 'power'는 'violence'를 막기 위한 것이고, 그러기 위해 또한 'violence'를 자유자재로 쓸 수 있어야 하니까요.

이것은 아빠가 신학적으로 분석하신 〈하박국〉 해석에 정면으로 도전하는 논증이 될 것 같아요. 아빠는 지난번 편지에서 이렇게 쓰셨지요.

그들은 "제 힘이 곧 하나님"(1:11, 새번역)이라고 생각한다. 이를 공식화한다면, '힘=신' 혹은 '폭력=종교'인 게지. 무릇 종교가 구원의 문제를 다루는 것이라면, 폭력이 세상을 구원한다는 신념은 세속적 구원론이지. 그 구원관에 따라 폭력을 행사하는 자들은 "자기들이 하는 것만이 정의"(1:7, 새번역)라고 생각한다. 정의를 위한 폭력은 정당하고, 폭력으로라도 정의를 기필코 이루겠다는 열정은 종교에 못지않은 광기이지.

이는 《리바이어던》이 〈하박국〉보다 먼저 쓰였나 싶을 정도로 《리바이어던》에 대한 적절한 비판입니다. 실제로 홉스는 하나님의 권한에 비견할 만한 주권이 세상을 평화롭게 다스리고 그 주권에 도전하는 이들을 폭력으로 다스리며 오직 그 주권만이 정의롭다고 명백하게 이야기하니까요.

아빠의 편지에서 《리바이어던》에 대한 가장 통렬한 비판점을 찾자면, 후반부에 쓴 이 대목이에요. "제국이 제아무리 강고해 보여도 무너지고 말아. 그건 역사가 증명하지." 《리바이어던》의 표지 맨 위에는 욥기에 등장한 리바이어던에 대한 묘사가 라틴어로 적혀 있어요. "Non est potestas Super Terram quae Comparetur ei"(욥 41:33). 땅 위에 그에 비할 만큼 강한 것이 없다는 뜻입니다. 그러나 아빠 말이 맞아요. 그 무엇도 비할 것이 없을 정도로 강대한 제국들도 세월을 견디지 못하고 무너집니다. 칼 없는 신의계약은 없다고 홉스는 못 박았지만, 역사는 우리에게 칼로 흥한 자는 칼로 망한다는 것을 담담히 전합니다.

국가란 무엇인가?

그 무엇보다 강한 주권을 가진 국가라는 환상은 국제관계를 다루는 외교적 능력이 정치의 핵심인 21세기에는 유치하게 들리기도 하고, 사회계약론을 통해 단일한 주권을 이루어 낸다는 야심찬 계획은 그 계약 또한 참정 권한이 있는 일등 시민들을 중심으로 성립한다는 비판에서 자유롭지 않지요. 인간이 다들 비슷한 것을 욕망하기에 전쟁 상태가 펼쳐진다는 것 또한 무한한 다양성을 전제로 하는 현대적인 인간상과 어긋나고요. 물론 폭력을 제어하기 위해 법이라는 폭력을 합당하게 사용해야 한다는 홉스의 주장은 우리의 인식과 사회체계 속에 지금까지도 고스란히 녹아들어 있고, 국가라는 개념이 탄생한 근대에 대단히 중요한 철학이지만요.

그래서 다음 논의할 주제로 저는 '국가'를 제안하고 싶어요. 국가에 대한 담론은 역사뿐 아니라 신학과 철학에서 모두 중요한 주제죠. 홉스의 이야기를 따라가면서 국가는 폭력을 관리하는 주체라는 논의는 그중 빙산의 일각에 불과할 테니까요. 아빠가 어떤 신학의 고전을 골라서 국가에 대한 치밀한 논의를 전개할지 기대가 됩니다. 저는 이미 책을 골라 두었어요. 다름 아닌 플라톤의 《국가》입니다. 철학사를 통틀어 가장 큰 영향을 끼친 책이라고 과장 없이 말할 수 있는 고전 중의 고전이지요. 이런 고전을 글로 다루어 볼 수 있다는 것 자체가 영광인데, 아빠와 토론까지 할 수 있으니 정말 기대가 됩니다.

아버지와 아들이 〈하박국〉과《리바이어던》을 함께 놓고 이야기하는 이번 시도도 즐겁게 마무리가 된 것 같네요. 아빠의 편지를 읽고, 아빠에게 편지를 쓰는 재미로 살고 있어요! 그러면 이만 줄이면서 다음 편지를 기대할게요.

함께 읽고 싶은 책

토머스 홉스, 《리바이어던1, 2》, 나남.
구약성서 〈욥기〉.

7. 국가는 신적인가?

장 칼뱅의 《기독교 강요》 읽기

사랑하는 아들아, 네 편지 잘 받았다. "아빠의 편지를 읽고,
아빠에게 편지를 쓰는 재미로" 산다는 말에 행복했고, 그건 너
를 향한 아빠의 마음이기도 하단다.

홉스의 《리바이어던》에만 집중하지 않고, 아빠가 쓴 '하박
국서에 나타난 폭력 이해'를 상호 대조했더구나. 《독서의 기술》
에서 모티머 애들러는 한 권을 분석적으로 읽는 데서 그치지 않
고, 서로 다른 두 권을 함께 읽으면서 자신만의 관점을 정립하
는 것이 최고의 독서라고 했지. 그런 점에서 너는 깊게 파면서
단단한 내공을, 넓게 파면서 유연한 내공을 연마하고 있구나.
다음 책을 이미 정하고 공부하고 있다니……. 플라톤의 《국가》
1장만 읽은 나로서는 네게서 한수 배우겠구나.

인간은 폭력적이기에 모든 인간을 두렵게 만드는 가공할
만한 권력이 없다면 사회는 전쟁 상태에 빠지게 된다는 홉스
의 생각은, 그 권력의 주체인 국가를 성립하게 하지. 그렇기에
우리의 대화는 자연스럽게 '국가'로 이어지는 거고. 국가에 대
한 인문 고전으로 플라톤의 《국가》를 꼽는다면, 신학 영역에서
필적할 만한 책은 아우구스티누스의 《신국론》이지. 하지만 이
미 아우구스티누스는 《고백록》을 읽으며 한 번 다루었으니, 홉

스보다 수십 년 전에 살았지만 거의 동시대적 인물이자 오늘날 개신교 신학의 대표 인물 장 칼뱅(Jean Calvin, 1509-1564)의 《기독교 강요》가 좋겠다 싶은데 네 생각은 어떠니?

국가, 두 얼굴의 사나이

국가에 대한 아빠의 문제의식은 우리가 앞서 다룬 '폭력'과 관련 있어. 우리 근현대사는 슬프게도 '국가 폭력'으로 점철되었지. 임진왜란과 병자호란을 거쳐서 조선 후기의 가혹한 민중 수탈, 갑오농민전쟁, 일제 식민지배, 해방에 이은 한국전쟁, 1980년 광주민주화운동, 용산참사와 세월호에 이르기까지 이 땅에서 벌어진 숱한 폭력의 주범이자 주체는 어처구니없게도 국가였단다. 인간 내면 깊숙이 똬리를 틀고 있는 본성적 폭력성도 검토해야겠지만, 동시에 국가를 결코 간과해서는 안 되지.

네가 쓴 글을 보니, 홉스는 "사람들을 자연상태에 그대로 두었을 때 일어나는 끝없는 폭력의 연쇄를 끊기 위해 그 무엇보다도 강한 리바이어던이 폭력을 통제"한다고 했지만, 불행하게도 우리 역사는 폭력의 담지자와 집행자로 국가를 지목하지. 1차 대전과 2차 대전의 주체도 국가였고.

그러나 〈로마서〉 13장에서도 보듯이, 개인과 시민의 안녕, 복지를 보장하고 보호하는 질서는 불가피하고 필연적이다. 그런 질서 혹은 구조가 없었다면, 인간은 그야말로 만인에 대한 만인의 투쟁으로 말미암아 야수가 되어 서로를 물어뜯어 버렸을 거야. 국가가 세금을 거두고, 교육과 복지, 문화, 기간 시설을 확충하지 않았다면 어땠을까?

국가란 두 얼굴의 사나이야. 폭력을 독점하면서도 폭력을 제한하기도 해. 그 물리력으로 개별 인간의 폭력과 의지를 제한하고 인간다운 삶을 보장해 주지. 그래서 국가를 변증법적으로 사유해야만 해. 국가 안의 모순적 두 본성의 긴장을 총체적으로 파악하면서도 특정한 시공간에서 어떤 측면이 더 발호하는지를 끊임없이 관찰해야 하지. 지금 이 시점에서 국가는 폭력의 주범일까, 아니면 홉스가 말한 대로 폭력을 제어하는 주체일까?

《기독교 강요》를 왜 썼을까?

그렇다면 기독교 신학은 국가를 어떻게 이해할까? 장 칼뱅의 《기독교 강요》맨 마지막 챕터인 "국가의 통치"(4권 20장)를 중점적으로 살펴보자꾸나. 칼뱅은 이 부분을 위해 그 긴 글을 쓰지 않았나 싶기도 해. 이 책을 헌정한 프랑수아 1세에게 개신교도에 대한 박해를 중지해 줄 것을 요청하기 위해《기독교 강요》를 썼거든.

그는 자신의 고국 프랑스에서 자행되는 박해가 개신교 신앙에 대한 오해에서 비롯되었다는 것, 우리는 결코 아나뱁티스트가 아니며 가톨릭 신앙과는 다르지만 성경적이고 복음적이며 국가에 위험스러운 존재가 아님을 역설했어. 칼뱅 말년의 프랑스는 위그노 전쟁이 벌어질 정도로 탄압이 심했지. 칼뱅은 우리 개신교인들은 이단이 아니며 국가와 군주에게 충성한다고 변호했어.

칼뱅은 갖은 질병으로 인해 신체적으로 나약했고 정서적으로 섬세하고 깊은 내면을 갖고 있었지만, 동시에 강인한 진리의 투사였어. 개신교 신앙이 성서적일 뿐 아니라 교부들의 가르침에 위배되지 않고, 오히려 가톨릭 신앙이 진리보다는 관습에 기대고 있음을 통렬히 논박하지. 아나뱁티스트가 이상적인 꿈만 꾸는 것을 타협 없이 비판했고.

프랑수아 1세에게는 은근슬쩍 찌르기도 해. "한 번도 들어 보지 않고 이 교리에 대하여 피비린내 나는 선고를 내리는 것은 순전한 폭력인 것입니다"("헌사", 《기독교 강요 상》, 16쪽). 경건에 관한 초보적인 이 책을 "폐하께서 소유하신 분별력을 발휘해서 우리의 고백을 읽어 보시면 그것이 얼마나 악의에 찬 무고이며 파렴치한 말들인지를 판단하실 수 있을 것입니다"("헌사", 19쪽). 이렇듯 그는 프랑수아 1세의 폭력성과 지적 수준을 은근히 건드리지.

헌사의 맨 마지막 문장은 압권이란다. "왕 중 왕이신 주께서 폐하의 보좌를 의(義) 가운데[잠 25:5 참조], 폐하의 통치를 공평 가운데 견고하게 하시기를 기원하나이다"("헌사", 36쪽). 공의와 공평이 하나님께서 세상을 다스리는 핵심 가치이므로, 그 가치를 반영하는 정치를 하라고 왕에게 권면하지. 왕에 대한 청원이지만, 매서운 비판과 날카로운 비수를 감추고 있어.

놀라운 점은 칼뱅의 나이야. 그가 《기독교 강요》 초판을 쓸 때가 26세(1535), 출판된 해(1536)에는 27세였어. 많은 학자들이 칼뱅을 천재가 아니라 조직화하는 능력이 뛰어난 학자라고 하지만, 그가 천재적 학자라는 것은 기본 전제로 깔고 말하는 걸 거야. 그 나이에 기독교 신앙을 집대성하는 불후의 명작을 쓸 수 있다니! 그렇지만 무려 30년 동안 이 작품을 되풀이해서 고쳤어. 그러고 보면 성실한 천재인 셈이지.

제목에 대하여

너도 알다시피, 부분은 전체를 포함하고 전체는 부분보다 크지. 전체를 잘 보여 주는 것은 책의 구조와 제목인데, 칼뱅의 이 책도 마찬가지야. 제목 속에 전부가 담겨 있어.

제목에 관해 웃지 못할 현실부터 짚고 가자. 칼뱅의 국가 이해를 신학 동네가 아니라 정치학 쪽에서는 어떻게 읽어 내는지를 간학문적으로 보려고 정치사상 책을 살피다가, 아이코 맙

소사, 너무 황당하더구나. 설마 했는데 'Institutes of The Christian Religion'(라틴어로는 Institutio Christianae Religionis)을 "기독교 신앙의 기구"라고 번역해 놓았더구나. 신학자가 홉스의 《리바이어던》을 굳이 '리워야단'으로, 마키아벨리의 《군주론》을 '왕자에 대하여' 혹은 '그 왕자'로 번역한 것과 무엇이 다르겠니.

아빠는 신학자나 목회자들이 신학과 교회 내부의 언어와 문법을 여과 없이 사회에 말하는 것을 보면서 우리가 인문·사회과학은 물론이고 자연과학에 대한 기초적인 소양을 가져야 한다고 역설하곤 하지. 그렇지만 철학이나 인문·사회과학, 자연과학자들이 기독교의 일부분인 근본주의적 기독교를 기독교 전체로 확장해서 두들겨 패려는 것도 못마땅해. 그들은 기독교에 관한 기초적인 정보도 모르더라. 아무튼 대화가 절실히 필요해.

처음엔 나도 '강요가 뭘까? 강제로 요구한다는 의미는 아닐 텐데' 그랬거든. 이 제목은 일본어 역본에서 온 것 같아. 나카야마 마사키가 1934년도에 일본어로 번역하면서 '강요'(綱要)라고 했는데, 우리말 사전에는 이렇게 나와 있어. "일의 으뜸 줄기가 될 만한 요점. 가장 중요한 부분을 이른다." 기독교 신앙의 핵심과 요점을 교육하는 책이란 거지. 라틴어로 '인스티튜티오'(institutio)는 '교육하다'라는 뜻이야. 그러니까 외부의 오해에 대해서는 변호하고, 내부로는 신앙을 강화하기 위해 저술한다는 의미이지.

다음은 'religion'을 보자. 요즘은 이 단어를 획일적으로 '종교'라고 번역해. 그렇게 되면 '기독교 종교'가 되는 건데, '종교'의 변천사를 주목한 종교학자 윌프레드 캔트웰 스미스에 의하면, 지금의 우리와 달리 이 단어는 고래로 '경건' 혹은 '신앙'이라는 의미였어(《종교의 의미와 목적》). 원래 'religion'은 하나님과의 인격적 만남이요 깨달음이었는데, 근대에 들어서면서 제도와 형식을 가리키는 단어가 되었지. 그래서 스미스는 종교라는 개념 자체를 폐지해야 한다고 주장하고, 칼 바르트는 '종교 = 불신앙'으로 단죄했어.

종교가 경건이라는 것은 이 책의 초판 제목을 보면 되는데, 제목이 무지하게 길어. "경건의 전반적인 개요와 구원론을 알기 위한 필수적인 것은 무엇이나 망라한 기독교 강요"란다. 부제는 "경건에 대한 열심을 가진 모든 사람이 읽을 만한 가장 가치 있는 책"이야. 그러니까 이 책은 기독교 신앙을 체계적으로 가르치려는 의도와 더불어 철학적이고 학문적인 면이 없지 않지만 일차적으로 경건을 함양하려는 차원에서 집필되었어.

그 점은 이 책의 헌사에서도 분명하게 볼 수 있어. 그는 당시 프랑스의 왕 프랑수아 1세에게《기독교 강요》를 헌정하면서 저술 목적을 이렇게 기술했어. "나의 목적은 단지 어떤 기초적인 사실들을 전달함으로 그것에 의해 종교에 열심을 가진 사람들이 참된 경건에 도달하게 하는 것이었습니다"("헌사", 15쪽). 신앙의 기본을 잘 다져서 경건에 이르게 하는 것으로, 정성을 기울여 읽기만 한다면 하나님과의 인격적 만남과 지식에 다다를 수 있다는 거지. 아빠는 칼뱅의 의도가 잘 성취되었다고 봐. 기독교를 이보다 더 잘 설명할 수 없거든.

맥락과 구조

이번에는 국가에 대한 부분이 이 책 전체에서 차지하는 위치와 맥락을 보려고 해. 칼뱅은 두 군데서 '국가'를 다뤄. 하나는 "그리스도인의 자유"(3권 19장), 다른 하나는 "교회론"(4권 20장)에서야. 그리스도인은 종교적 율법과 사회의 법에 대해서 자유로워. 전자는 가톨릭의 전통과 법률, 후자는 국가의 법률이야. 신자의 양심은 그 무엇보다도 하나님의 법이요 말씀인 성경에 사로잡혀 있기에 율법과 사회법에 구속받지 않아.

어떻게 정의하든 양심은 인간의 내면적인 것이기에, 교회이든 국가이든 간에 규율할 수 없는 자유가 있어. 양심은 오로지 자신의 주인이자 창조자인 하나님께만 속박되므로 하나님 아닌 어떤 것에도 얽매이지 않아야 해. 국가와 법률이라도 말이야. 법률은 그저 인간의 외적 행동만 규제할 뿐이야. 일단 칼뱅은 국가가 어쩌지 못하는 저 신성의 영역에 신앙을 포진시켜 그 본연의 모습을 수호하고, 개신교를 탄압하는 국가와 가톨릭으로부터 보호하려고 했던 것이지.

국가에 대한 본격적인 논의는 《기독교 강요》의 맨 마지막 파트란다. 1권은 창조주를, 2권은 구속주를, 3권은 성령론을 다루는데, 국가는 교회론을 다루는 4권에 속해 있어. 국가를 교회론의 일부로 보았던 거지. 그리스도인은 세상에 속하지 않지만, 세상 한가운데서 살지. 세상 질서의 핵심인 국가와의 관계에 따라 우리 신앙의 결이 드러나는 거고. 리처드 니버의 《그리스도와 문화》에서 양자의 관계를 다섯 가지로 유형화했어. 교회의 교회됨은 세상과의 관계 맺음 방식에 따라 결정되고, 또한 교회됨은 세상과의 관계 속에서 드러나지. 그래서 교회론 안에 국가론이 들어 있어.

4권 20장 "국가의 통치" 구조는 이렇단다. 먼저 이중 통치가 구별되지만 분리나 대립이 아님을 천명(1-2절)한 다음, 정부와 통치자들도 하나님이 세웠고, 하나님의 일을 한다는 신적 기능(3-7절)이 있다고 주장해. 세금을 부과하는 것이나 강제력 행사는 신앙과 양립하고, 전쟁을 결정하고 수행할 권리도 있어(8-13절). 국가는 너도 알다시피 법에 의한 통치를 하잖니. 공정한 법체제하에서 그리스도인들도 법정과 소송을 이용할 수 있다고 말해(14-21절).

마지막으로 국가와 통치자에 대한 신민의 복종을 요구해(22-29절). 그가 설사 악한 왕일지라도 하나님으로부터 다스리는 권세를 부여받았으니 복종하라는 것이지. 때론 그런 방식으로 하나님이 시민을 심판하시기도 한다면서 말이야. 현존 질서가 어떤 것이든, 기성 체제를 종교적으로 지지한다는 칼뱅의 생각은 놀랍구나. 한국 기독교인들 중 일부는 하나님의 뜻보다는 자기 입장과 맞지 않으면 저항과 폭력을 선동하니까 말이야. 저항은 개인에게는 허용하지 않고 공적 책임을 지고 있는 인물에게는 허용하지. 시민 개인에게도 저항권을 허락하면 만인에 대한 만인의 저항이 생길 공산이 크기에 그런 것 같지만, 시민의 집단적 저항은 허용되어야 하지 않을까?

물론 하나님의 뜻에 반하는 것이라면 누구라도 국가와 정부에 불복종할 수 있어. 저항권을 인정함으로써 혁명의 가능성도 열어 놓은 것이지.

두 개의 질서

앞에서 아빠는 국가가 이중 얼굴을 하고 있다고 말했지. 이것은 실은 칼뱅의 주장을 달리 표현한 거란다. 그에 따르면, 이 세계에는 '이중적인 정부'가 있어(3권 19장 15절). 인간의 내면과 영적인 것을 관할하는 정부와, 외면과 정치를 통제하는 정부로 구별해. 각각 다른 통치자와 법률에 의해 다스려지지. 몸과 영혼, 현세와 내세가 다르듯이 저 둘 또한 전혀 다른 거야. 저 둘을 섞어서는 안 돼.

이중 정부를 이원론적으로 분리하는 것은 칼뱅의 의도가

아니란다. 하나님의 주권과 통치가 미치지 않는 곳이 없듯이, 하나님의 뜻이 전일적으로 관철되는 곳이 영적 왕국이고 세속 정부는 하나님의 뜻과 통치 영역 바깥에 존재한다고 생각해서는 안 된단다. 그것 역시 하나님의 주권하에 있어. 둘 다 하나님의 통치 영역이야.

그렇다면 왜 칼뱅은 두 개로 나누었을까? 왜 하나님은 이 세상을 서로 다른 방식으로 통치할까? 왜 국가에게 강제력을 주시고, 교회에는 영적 권위와 말씀으로 영향력을 발휘하게 하셨을까? 그건 각각의 고유 영역을 허락하고 서로가 서로를 지배하지 않게 하려던 거지. 국가를 종교화해서도, 교회를 국가화해서도 안 돼. 국가가 종교화되면 히틀러의 나치가 등장하는 것이고, 교회가 국가화 또는 정치화하면 독재 정부를 지원하는 지배 이데올로그가 되지.

'구별'이라는 말이 곧 '분리'는 절대 아니야. 국가를 신앙과 무관한 별개의 영역으로 떠나보내지 않고, 교회가 정치와 동떨어진 곳에 위치하지도 않아. 국가가 정의로운 신의 통치에서 벗어나면 그야말로 야수, 곧 리바이어던이 되는 거지. 인간이 정치를 부정하는 것은 무정부적 카오스로 떨어지는 일이고. 한 분 하나님의 전적 주권하에 둘 다 존재하고, 현실적으로 둘은 포개어지기 때문에 이 둘을 구별했어.

두 개의 의문

그런데 희림아, 아빠가 보기에 겹쳐지는 지점에 대한 칼뱅의 논의는 논란의 여지가 많아. 먼저, 국가의 기능과 목적에 관한 그의 말을 직접 읽어 보자꾸나.

국가의 통치가 사람들의 생활을 위하여 조건을 구비시켜 줌으로써 사람들로 하여금 호흡하고 먹고 마시고 몸을 따뜻하게 하는 등, 자연이 하는 모든 기능들을 다 포괄하여 행하는 것이 사실이다. 그러나 이런 기능뿐 아니라, 우상 숭배나 하나님의 이름을 망령되게 하는 행위나, 하나님의 진리에 대한 모독 등, 신앙을 대적하는 기타 공적인 범죄들이 사람들 가운데 일어나거나 퍼지지 않도록 막아 주며, [⋯] 간단히 말해서 국가의 통치는 그리스도인들 가운데 신앙을 공적으로 드러내도록 해주며, 또한 사람들 가운데 인간성이 유지되도록 해주는 것이다. (4권 20장 3절)

국가 통치는 우리가 사람들 사이에 사는 동안 하나님께 드리는 외형적 예배를 존중하고 보호하며, 경건의 건전한 도리와 교회의 지위를 변호하고, 사람들의 사회에 우리의 삶을 적응시키고, 시민의 의에 맞도록 우리의 사회적 행실을 형성하고, 우리를 서로 화목케 하고, 또한 전체의 평화와

안정을 도모하는 등 그 나름대로 지정된 목표가 있는 것이다. (4권 20장 2절)

아빠가 길게 인용한 저 문장을 유심히 보렴. 시민을 보호하고 사회의 안녕을 추구하는 기능에 관한 20장 3절의 앞부분에 대해서는 어떤 이의도 없단다. 칼뱅의 격렬한 논적이었던 아나뱁티스트들도 십분 동의하는 부분이니까. 그들도 국가가 무력 사용의 권한을 갖고 있다고 인정하거든. 국가의 강제력과 경찰력은 사회의 안정과 안녕을 확보하는 하나님의 통치 방식이라는 거지. 법이 강제력을 띠지 않는다고 생각해 보렴. 그 순간 사회는, 존 로크가 말한 대로 자발적 합의를 도출하지 못한다면, 홉스의 말대로 전쟁 상태로 돌입하게 되겠지.

여기서 아빠는 딱 두 가지 의문을 제기하고 싶어. 국가의 기능과 목적에 관한 칼뱅의 진술 중 후반부를 아빠는 주목한단다. 그는 국가가 시민의 신앙에 개입할 수 있다고 했어. 국가가 신자의 내면, 곧 신앙과 양심을 규제하거나 신자의 외면인 종교적인 행위에 관여하도록 허락해도 될까? 그는 참된 종교가 노골적이고 공적으로 모독당했을 때에 한하여 국가의 개입을 허용했어. 그렇다면 가톨릭 입장에서는 어떨까? 그들도 참된 종교가 모욕당한다고 느껴서 개신교를 박해한 것은 아닐까? 그런데 그것은 국가의 한계를 넘어서는 것, 국가를 신으로 만드는 것은 아닐까?

다른 하나는 '우리가 살고 있는 세상'에서의 칼뱅 읽기야. 당대는 칼뱅의 관점이 주류였고 대세였지만, 지금 우리 눈으로 보면 쉽사리 받아들이기 어려워. 우리 시대를 '포스트'(post)라고 하잖니. '기독교 이후 시대' 혹은 '탈기독교 시대'(post Christendom)이지. 기독교가 한 사회의 유일한 지배 종교이고 기성 체제의 일원이던 때는 지나갔어. 현대는 다종교 사회거든.

칼뱅 시대야 종교는 곧 기독교였으니까 저런 논리가 성립된다 치더라도, 지금은 어림없는 소리지. 그러니 칼뱅의 논의를 재고하고 지금 우리 시대에 맞는 국가 이해를 모색해야 해. 이것은 아빠의 숙제이기도 하고. 너의 편지가, 플라톤의《국가》를 제대로 읽고 나의 신학을 숙성시키는 계기가 될 것 같구나.

우리의 대화를 '나는 누구인가'에서 시작한 거 기억나지? 나를 묻는다는 것은 곧 나와 다른 타자로서의 '너'에 대한 물음과 연동된단다. 타자와의 만남은 서로 다름과 차이, 어긋남은 폭력으로 이어졌고, 폭력은 가장 강력한 폭력 행위자인 국가를 캐묻게 했지. 너의 대답도 궁금하지만 우리의 대화가 어디로 어떻게 흘러갈지 자못 궁금하고 기대가 되는구나. 열심히 책 읽는 네 뒷모습을 흘낏 보면서 이 편지를 쓰고 있단다. 너의 답장을 기다린다, 사랑하는 아들!

함께 읽고 싶은 책

장 칼뱅, 《기독교 강요 상, 중, 하》, CH북스.

리처드 니버, 《그리스도와 문화》, IVP.

모티머 애들러, 《독서의 기술》, 범우사.

윌프레드 캔트웰 스미스, 《종교의 의미와 목적》, 분도출판사.

존 하워드 요더, 《제자도, 그리스도인의 정치적 책임》, KAP.

8. 다시 '내려가기'

플라톤의 《국가》 읽기

편지를 쓰면서 예상치 못한 고전이 자주 등장했지만, 칼뱅의《기독교 강요》에는 그야말로 흠칫 놀랐네요. 아빠의 사고가 칼뱅의 신학과 결을 상당히 달리하는 것은 익히 알고 있었는데, 칼뱅의 국가관을 충실히 옮겨 냈다는 점에서 지난 편지도 재밌게 읽었습니다. 방대한 양의《기독교 강요》중에서도 국가에 초점을 맞추어 하늘과 땅의 이중 정부가 존재하며 서로 다른 두 정부는 궁극적으로 하나가 된다는 칼뱅의 국가론은, 아빠가 스쳐 지나가듯이 말한 대로 확실히 아우구스티누스의《신국론》과도 접점이 있네요.

저번 편지에서 이미 밝힌 것처럼 국가를 주제로 하는 대화에서 저는 플라톤의《국가》를 다뤄 보려고 해요. 플라톤의 사상과 그의 책《국가》가 너무도 유명하기에 그만큼 오해도 많은데, 저는 한 국가의 목적과 방향성에 대해 고민하면서《국가》를 읽어 볼 생각입니다. 물론 아빠의 편지에서 중추적인 역할을 한 '이중 정부' 개념을 활용해서 연결 고리를 지어 보려고요. 아빠라면 눈치 채셨겠지만, 칼뱅이 이야기한 정부와 국가의 개념은 방금 말했듯이 아우구스티누스의 신학과 밀접하고 아우구스티누스는 신플라톤주의를 신학적으로 계승한 사람이기도 하지요. 굉장히 먼 시공간을 두고 있지만 칼뱅은 플라톤의 학문적 아들뻘이네요.

그런데 사실 칼뱅뿐 아니라 서양의 사상이란 게 모두 플라톤의 영향력 안에 있다고 해도 과언이 아닐 거예요. 이쯤에서 항상 인용되는, "모든 서양철학은 플라톤 철학의 각주에 불과하다"라는 화이트헤드의 유명한 말만 보아도 그렇지요. 플라톤의 사상을 계승하고 발전하려는 전통과 그를 거부하며 새로운 길을 모색하려는 대안들이 한데 뒤엉켜 용솟음치며 발전해 온 것이 서양철학사라고 보는 데 이견이 있는 철학사가는 많지 않을 겁니다. 이런 의미에서 플라톤을 다루지 않을 수 없었고 그 중에서도 가장 잘 알려진 《국가》를 골랐어요. 철학도로서 건너뛸 수 없는 책이지요.

플라톤적 통치 계급

지난 편지에서 저는 홉스의 《리바이어던》을 다루면서 자연상태에서 폭력을 최대한으로 줄이기 위해서는 막강한 절대 권력을 중심으로 체계를 재편해야 한다는 홉스의 주장을 옮겨 보았습니다. 그런데 그렇게 안정적인 국가를 건설한 이후에도 폭력에 기반을 둔 권력이 지속 가능한 정치 체제일까요? 어쩌면 어수선한 상황을 다 정리하고 국가가 안정된 시대에 1인 권력자가 계속 철권을 휘두르는 것은 도리어 체제의 안정성을 해치는 일이 될지도 모릅니다. 제아무리 뛰어난 통치자라 하더라도 집단을 통솔하는 데는 그만큼 뛰어난 책략가들과 행정가들이 필요하기 때문이지요. 각자가 각자의 일을 하는 관료제가 등장해야 하는 것입니다.

플라톤의 국가가 지향하는 지점은 흥미롭게도 '전문화'(specialization)입니다. 질서와 조화를 이룬 국가에서 크게 셋으로 나뉜 이들이 각자의 일을 합니다. 통치자는 지배하고, 수호자는 군경의 역할을 하며, 생산자는 배당받은 일을 수행하는 것이에요. 다음의 구절이 잘 요약하고 있지요.

그러니까 이 세 계급, 생계를 위해 일을 하는 계급과 생산 계급과 수호자 계급, 이들 계급 각각이 공동체에서 저들 계급에 합당한 기능을 수행하고, 저들이 맡은 바 일을 다 할 때, 그럴 때 그것이 도덕이고 그 공동체가 도덕적인 공동체가 된다는 것인가요? 〔…〕 세 계급 가운데 어느 한 계급이라도 다른 두 계급에 진입하거나 그들 사이에 역할이 서로 바뀌는 것만큼 공동체에 크나큰 재앙을 불러오는 것이 없을 것이오. '범죄 행위'라는 말이 이보다 더 적합한 경우가 어디에 있겠소?"(434b)

플라톤이 생각하기에 '도덕'은 각자가 각자의 일을 충실히 수행하는 것입니다. 듣자마자 곧바로 반발심이 생기기 쉬운 이 야기입니다. 언뜻 보기에도 계급 제도를 지지하는 것처럼 보이고, 계급 간의 이동마저 제한하는 폐쇄적인 사회를 그리는 것이니까요. 어디 그뿐인가요? 통치를 담당하는 계급이 있다는 것은 민주주의의 기본 원칙을 제대로 무시하는 것입니다. 더구나 잘 알려졌다시피 이 통치 계급은 사실 철학자입니다. 참된 것을 아는 철학자가 통치를 담당해야 한다는 것입니다. 그런데 정말 진리 따위를 안다고 주장하는 엘리트들이 지배 계급의 위치를 공고하게 다지는 것이 플라톤이 말한 조화로운 국가일까요?

우선 두 겹의 색안경만큼은 벗어던져야 합니다. 첫째는 마르크스적 계급이고, 둘째는 푸코적 관리입니다. 두 현대적인 사고 모두 억압하는 주체와 억압받는 객체를 상정합니다. 그러나 플라톤이 구성한 통치자, 수호자, 생산자의 분류는 권력의 배분이 아닌 역할의 차이를 상징합니다. 통치자라고 해서 특권을 누리면서 다른 이들을 감시할 권한까지 얻는 것은 결코 아닙니다. '통치 계급'이라는 말에 현혹되어 권력자를 상상하면 결코 안 될 일이에요. 오히려 플라톤의 국가에서 통치자는 불행하게 교육받습니다. 수십 년 동안 공교육을 받으면서 가족을 꾸릴 수 없음은 물론, 아름다운 것과 좋은 것만 보고 자라야 하며 단일 식단(!)만 먹습니다.

갈림길에 서다

통치는 특권이 아니라 역할이기에, 이 중대한 역할을 수행하기 위해 플라톤은 통치자를 어떻게 교육시킬지 방대한 고찰을 서술합니다. 실제로 저는 '철학교육론'이라는 수업에서《국가》를 주요 교재로 교육철학을 공부하기도 했어요. 그러나 이번 편지에서는 교육학적인 문제보다도 정치철학적인 문제를 고민해 보려고요. 진리를 아는 이가 무엇을 어떻게 통치할 수 있단 말일까요? 저는 철학사에서 가장 잘 알려진 비유, '동굴의 비유'를 통해서 이야기해 보고 싶어요.《국가》의 7권 514a-517c에 걸쳐서 플라톤은 아주 이상한 동굴과 그 안에 사는 사람들의 이야기를 전합니다.

그 동굴 안에서는 모든 이들이 아주 어릴 때부터 결박당해 목이 고정된 채 벽만 보고 있습니다. 벽에는 사람과 동물 형상의 그림자만이 비춰지고 있고, 모두들 그게 현실이라고 믿습니다. 그런데 재미난 사건이 발생합니다. 누군가가 갑자기 고개를 돌려 보고, 결박으로부터 탈출한 것이지요. 그는 험난한 여정 끝에 동굴 밖을 나와 그림자가 아닌 실제 세상과 하늘을 봅니다. 처음에는 눈이 부셔서 제대로 보지 못했으나 이내 그는 동굴 안에서 보았던 것이 가짜임을 알게 되지요. 그리고 마침내 그는 '계절과 세월을 가져다주며, 보이는 영역에 있는 모든 것을 지배하며, 그가 지금껏 보았던 모든 것의 원인인 태양'(516c)

을 바라봅니다.

　그는 이제 갈림길에 섰습니다. 밝고 신선한 세상을 계속 누리면서 행복하게 지낼 수도 있고, 다시 동굴로 돌아갈 수도 있지요. 아빠가 이 사람이라면 이제 어떻게 행동하시겠어요? 아마 대부분의 사람은 돌아가지 않을 것입니다. 최고의 것을 가질 수 있었을 때 그것을 나누고 싶은 사람은 많지 않을 것이고, 심지어 그것을 설명해 주어도 결코 이해할 수 없는 사람들과 나누고 싶은 이는 정말 드물 테니까요. 그러나 플라톤은 그가 돌아가기로 결심했다고 말합니다. 돌아가서 그가 보았던 세상을 동굴 안의 이들에게 전하지요. 그러나 그는 예상대로 많은 비웃음을 사고, 헛된 것을 보고 왔다며 무시당하다가 죽임을 당합니다.

　우연히(이 우연은 사실 중요합니다. 고된 길을 감당하기로 마음먹은 자는 누구라도 동굴로부터 탈출해 진리를 볼 수 있기 때문입니다. 태양을 자기만 볼 수 있는 특권을 가지고 태어난 이는 없다는 뜻이지요) 고개를 돌려 본 죄수는 예비 통치자입니다. 빛을 보았으나 어둠을 살아야 하는, 빛을 누리며 살 수 있으나 어둠 속에서 죽어야 하는 슬픈 운명을 가진 이지요. 플라톤은 빛을 본 이가 동굴로 돌아가 결국 죽었다는 극단적인 결말을 통해 스승 소크라테스를 향한 애도를 잠깐 비치기도 합니다. 소크라테스 또한 진리를 설하고 다니다가 사형으로 생을 마감했지요.

올라가면 내려가야 한다

이제 왜 제가 앞에서 플라톤의 통치자라는 개념을 현대적으로 읽으면 곤란한지 자세히 설명한 이유를 아시겠죠? 플라톤의 생각에 이 어둠이 가득한 세상에서, 빛을 향한 고된 여정을 겪은 이는 반드시 필요한 것이지요. 그는 빛을 말한다는 이유만으로 모독을 겪지만 그럼에도 불구하고 다시 동굴로 내려올 실존적 결단을 행했고, 죽음 앞에서도 당당하게 빛을 증언합니다. 많은 경우에 플라톤의 사상은 공중에 붕 뜬 이데아(Idea)로 대표되는 이상적인(ideal) 이념(idea)으로 여겨집니다. 라파엘로

라파엘로의 〈아테네 학당〉(School of Athens, 1511).
중앙에 플라톤과 아리스토텔레스가 보인다.

가 그린 유명한 그림, 고대의 위대한 학자들이 대거 모인 〈아테네 학당〉이 대표적이지요. 그림 속에서 플라톤은 손가락을 하늘로 들고 있고, 그 옆의 제자 아리스토텔레스는 손바닥을 아래로 하고 있습니다.

그렇지만 플라톤은 단호히 말합니다. 올라가서 진리를 본 사람이라면 반드시 내려와야 한다고요. 정의롭게 만들기 위한 지식을 얻는 과정으로서 올라가는 것보다 현실로 내려와서 국가를 정의롭게 만드는 일이 더 중요한 주제지요. 《국가》의 첫 문장을 펼쳐 볼까요? 소크라테스가 말합니다.

어저께 나는 아리스톤의 아들 글라우콘과 함께 피레우스로 내려갔었네. (327a)

어느 글이나 그렇지만 첫 문장은 늘 의미심장하기 마련입니다. 그런데 아쉽게도 동사가 문장의 맨 뒤에 위치하는 한국어로 읽으면 이 의미심장함을 눈치 챌 수 없지요.

그러나 강조하고 싶은 단어라면 품사에 상관없이 앞에 배치할 수 있는 고대 그리스어로 읽으면 숨겨진 의미가 확 살아납니다. "κατέβην χθὲς εἰς Πειραιᾶ μετὰ Γλαύκωνος τοῦ Ἀρίστωνος"(katabēn chtes eis Peiraia meta Glaukonos tou Aristonos). '내려가다'(καταβαίνειν, katabainein)라는 말이 《국가》의 첫 단어입니다. 《국가》의 첫 쪽에서 소크라테스는 다시 아테네로 '올라가고' 싶어 하지만 사람들의 만류를 이기지 못하고 정의에 대한 토론을 시작하는 것도 중요한 복선입니다. 플라톤이 동굴을 한참이나 기어올라야 마주할 수 있는 눈부신 태양빛을 추구하는 철학을 말하는 것으로 생각되지만 사실은 그렇지 않습니다. 그의 철학은 올라갔으면(ἀναβαίνειν, anabainein) 반드시 내려가야 함을 강하게 주장하고 있지요.

두 세계를 잇는 다리

각자가 맡은 일을 충실히 해내는 조화로운 국가를 지향한 플라톤의 국가관을 설명하기 위해서 조금은 정치철학적인 부분에 집중해 보았어요. 그런데 아빠, 이제는 플라톤의 국가론과 이전의 편지에서 아빠가 이야기한 칼뱅의 이중 정부론 사이에 뚜렷한 접점이 보이지 않으세요? 맞아요. 바로 두 세계를 잇는 다리지요. 칼뱅이 분리되나 구별되지 않는 하나님의 나라와 현실의 정부를 말하지만, 원리원칙이 되어야 할 것은 분명히 '하나님의 나라'라고 말한 것을 생각해 보면 되겠어요. 아빠가 "하나님의 뜻에 반하는 것이라면 누구라도 국가와 정부에 불복종할 수 있어"라고 썼듯이 말입니다.

플라톤의 국가 또한 동굴 안과 밖을 잇는 통치자를 통한 세계를 그립니다. 그것의 원형이자 가장 이상적이고 표준적인 모델인 이데아들의 세계를 본 영혼이 그 조화로움을 현실 세계에 실천하는 공간으로서의 국가, 이러한 국가와 정부의 모습이 아우구스티누스를 거쳐 칼뱅으로까지 이어진 기독교적인 정치신학에도 막대한 영향을 미친 것이지요. 그러나 이러한 '종교적인 플라톤'은 그만큼 오해되기도 쉬웠습니다. 현세와는 구별된, 선택받은 이들이 초월을 통해 추상적이고 고결한 세계로 '올라가기만' 한다는 천국론이나, 땅에서 받은 육체를 버리고 신성한 영혼의 존재에 집중하는 것 또한 플라톤을 종교적으로 해석해 아테네와 예루살렘에 다리를 놓은 신플라톤주의의 영향을 받은 기독교의 오래된 교리지요.

지금 우리가 살고 있는 국가가 지향해야 할 바에 대해서 하늘의, 동굴 밖의 국가로 상정하고 그 참됨을 잘 번역해서 통치해야 한다는 설명을 얻기 위해서 플라톤의 《국가》를 가지고 왔습니다. 그런데 아쉬움이 많이 남네요. 철학사의 최대 고전을 다룬다는 흥분은 컸는데 햇병아리 철학도로서 역량이 부족하기도 하고, 그 어마어마한 고전을 아빠와 저의 논의에 접목시켜서 이야기하다 보니 정작 《국가》의 핵심 사상인 '정의'(justice)에 대한 담론을 다루지 못했거든요. 그래서 말인데요, 다음 편지에서는 정의를 주제로 대화해 보면 어떨까요? 플라톤의 정의론을 충실하게 쓰지 못한 아쉬움을 저는 그의 가장 비판적이고 충실한 계승자 아리스토텔레스를 통해서 메워 보려고 해요. 기독교 윤리학을 오래 연구하고 가르쳐 온 아빠니까 정의에 대한 흥미로운 해석이 또 있을 거라고 생각합니다.

아빠, 정치는 언제나 더러운 것으로 여겨지곤 해요. 정치인 또한 결코 신뢰받지 못하고, 설령 믿음직한 정치인이 등장한다고 해도 언젠가 그가 우리를 배신할 것이라는 느낌을 배제하기 어렵습니다. 제 생각에 플라톤의 동굴의 비유와 통치자 이야기는 이러한 우리의 정치관에 좋은 교훈을 주는 듯합니다. 정치인들은 나라님도 아니고 머슴도 아닌, 안정적인 체계를 위해 행정이라는 역할을 수행하는 우리와 똑같은 사람들이며, 그들이 그 역할을 수행하기 위해서는 부단히 많은 공부를 해야 하고, 그럼에도 현실로 돌아와 치밀하게 현장감을 느끼며 일해야 한다는 것 말입니다.

어느덧 국가에 대한 대화도 훌쩍 지나갔네요. 이제 그만큼 거대한 주제인 정의를 두고 토론할 생각에 벌써 기대가 되네요. 그럼 다음 편지를 기대하면서 이만 줄일게요!

함께 읽고 싶은 책

플라톤, 《국가》, 서광사.
사이먼 블랙번, 《국가론 이펙트》, 세종서적.
이종환, 《플라톤 국가 강의》, 김영사.

9. 정의는 '힘'인가

라인홀드 니버의 《도덕적 인간과 비도덕적 사회》 읽기

플라톤의 《국가》에 대한 너의 편지 잘 읽었다. 안 그래도
《국가》와 김용규 선생의 《신》을 집중적으로 읽으려던 참이었
는데……. 네 글이 자극을 주었고, 공부의 실마리가 되겠다 싶
다. 《국가》를 "다시 '내려가기'"로 읽으니까 자기를 비워 종이
되신 하나님의 아들 예수 그리스도의 육화나 자기 비움과 흡사
하구나. 예수의 자기 비움(케노시스)을 불교의 공(空) 사상과 비
교하는 글이 많은데, 차라리 플라톤과 연결하면 얻을 것이 많
겠다 싶다.

너는 아빠에게 '정의'(justice)에 대해 토론하자고 했지. 그
제안을 받고 우리의 대화를 복기해 보았단다. 도대체 '나'란 존
재는 누구인가에서 내가 아닌 '너', 곧 나로 환원되거나 축소되
지 않는 고유한 개별적 존재로서의 '타자'에 대한 논의로, 나와
타자 사이의 폭력으로, 폭력의 독점권을 갖고 있는 국가에 대
한 이야기로 이어졌지. 국가는 폭력을 독점하고 있는 신적 위치
를 대신하는 부당한 면이 있지만, 동시에 그 강제력을 통해 다
양한 이해관계를 조정하고 정의를 실현하는 중대한 주체이지.

그 연장선에서 아빠가 고른 책은 라인홀드 니버(Reinhold
Niebuhr, 1892-1971)의 《도덕적 인간과 비도덕적 사회》란다. 그

는 국가의 본질을 강제력으로 보는 점에서 대다수 정치철학자들과 궤를 같이해. 그리고 그 강제력에 한계를 부여하지. 강제력이 과하면 폭정과 독재가 되고, 강제력이 없으면 무정부적이되기 때문이야. 이 점은 존 요더도 마찬가지야. 두 사람은 독재와 무정부라는 양극단 사이를 찾아내려고 무던 애를 쓰지. 여하튼 국가가 강제력을 가지고 정의를 실천해야 한다는 것이 니버의 핵심 주장이란다.

이렇듯 니버는 양극단을 지양하고, 긴장과 대립을 어느 한쪽으로 해소하지 않는 태도를 일관되게 유지한단다. 이것은 니버의 변증법이다. 대립하는 모순 사이에서 통일과 종합이 가능하다고 보는 점에서 헤겔과 마르크스의 변증법과 일치하지. 다만, 헤겔은 '종합'에 방점을 찍는 '긍정의 변증법'이라면 마르크스는 (이는 헐버트 마르쿠제의 해석인데) '모순'에 강세를 주는 '부정의 변증법'이라고 할 수 있어.

하지만 니버는 통일과 종합에 대해 끊임없는 회의를 보내지. 인간에게 절대적 통일, 보편적 일치란 유한한 인간성에 비추어 볼 때 절대 불가능하거든. 어설픈 종합을 취하고, 그 종합이란 것도 기실 자기 이익의 합리화에 지나지 않는다면, 그 긴장을 끝까지 유지하는 것이 지극히 현실적인 방략이겠지. 절대적 정의에 비추어 상대적 정의를, 절댓값이 아닌 근사치를 추구하는 것이 우리 인간에게 허락된 정의에 이르는 길인 셈이지. 국가가 아니라 정의가 우리의 주제이니 이쯤하고, 니버의 생애를 정의의 관점으로 읽어 볼게.

니버의 생애

신학에 익숙하지 않은 이들은 니버에 대해 종종 헷갈려 한
단다. 어거스틴과 아우구스티누스를 혼동하듯이 말이야. 또 다
른 니버가 있거든. 리처드 니버. 그는 《그리스도와 문화》의 저
자이고 라인홀드 니버의 친동생이야. 예일 대학에서 학문에 전
념하고 제자 양성에 힘을 쏟은 리처드 니버가 정통파라면, 유
니온 신학교 교수이던 형 라인홀드 니버는 정치적 활동에 적극
적인 참여형 신학자 혹은 정치철학자에 가깝지.

이 집안이 신학 쪽으로 명문가야. 큰누이인 훌다도 맥코믹
신학교 교수였고, 동생 니버의 아들은 하버드 대학에서 슐라이
어마허를 가르친 일급 신학자였지. 라인홀드의 아내인 우르술
라도 버나드 대학에서 가르친 신학자였어. 미국 신학교는 니
버 집안이 다 해먹는다는 우스개가 있었을 정도로, 정말 대단
한 신학 패밀리야.

라인홀드 니버의 생애와 사역, 학문에서 결정적 요소는 디
트로이트에서의 목회 경험이란다. 그는 탁월한 신학적 능력에
도 불구하고 목회를 선택했어. 학문을 위한 학문이 아닌, 칼 바
르트 식으로 말하면 학교 강단에서만 가르치는 신학이 아니라

강대상에서 설교할 수 있는 신학을 원했던 거지. 신학의 모태는 언제나 교회야. 제아무리 학문적 성취가 빛나고, 우람한 성채를 쌓고, 천사의 말이나 모든 비밀과 모든 지식에 능통한들, 교회가 없다면 음을 가늠할 수 없는 시끄러운 꽹과리에 지나지 않아.

니버는 자동차 산업이 눈부시게 발전하던 도시, 그 유명한 헨리 포드의 자동차 회사가 있던 디트로이트에서 13년을 보냈어. 영화 〈모던 타임즈〉에서 볼트를 죄던 채플린의 우스꽝스럽지만 울고 싶고 화가 치미는 장면에서 보듯, 합리적으로 사람을 착취하던 그곳에서 인간을 비인간화하는 현대 산업사회를 적나라하게 목격하고, 거기서 인간의 죄성을 밑바닥까지 들여다보게 되지. 인간의 죄악됨 그리고 하나님의 초월적 은총을 말한다는 점에서 바르트와 함께 미국의 신정통주의 신학자로 분류되곤 해. 이 책 《도덕적 인간과 비도덕적 사회》도 정치와 사회에 대한 신학적 접근이야.

아빠는 독일계라는 그의 출신 배경과 아버지의 영향도 목회 경험만큼이나 중요하다고 본단다. 그의 아버지 구스타프 니버는 사회 참여를 중시하는 자유주의적 성향과 예수의 신성과 기적을 확고히 믿는 복음주의적 성향을 고루 갖추고 있었어. 어느 한쪽으로 기울지 않고 조화 속의 긴장, 긴장 속의 조화를 유지하는 니버의 신학은 아버지에게서 왔을 거야.

부친은 18세에 독일에서 미국으로 건너온 이민자였고, 독일어를 사용하는 사람들의 교단 목회자였어. 니버도 영어가 서툴렀다고 해. 신학교에 입학해서 미국화의 필요성을 절실히 느꼈다는구나(《정치는 도덕적인가》, 41쪽). 그때부터 독일어보다는 영어 구사 능력을 갖추고, 독일계 미국인으로서 미국 땅에 사는 것을 자신의 정체성으로 삼았어. 이민자요 소수자인 그가 미국 사회의 일원이 되고자 한 거지.

추정하건대, 그의 내면 깊은 곳에는 마이너리티 의식이 짙게 깔려 있었던 것 같아. 그것이 주류에 편입되려는 은근한 열망과 함께 주류에 대한 비판적 입장을 일평생 버리지 않고 견지하게 했지. 기존 사회에 참여하면서도 비판하는 이중적 스탠스를 버리지 않은 것은 신학이라는 학문의 특성이지만, 니버의 성장 배경도 한몫했을 거야.

그는 젊어서는 미국의 사회주의 정당에 가입하여 적극적으로 활동했고, '중도 좌파'를 벗어나지 않았다고 해. 《도덕적 인간과 비도덕적 사회》에는 마르크스의 영향이 짙게 배어 있는데, 점차 비판적 입장으로 돌아서지. 이때만 해도 프롤레타리아와 혁명에 대해 상당히 우호적이었어. 그래서 그런가? 이 책은 민주당의 지미 카터가 애독했고, 버락 오바마도 영향을 받았다고 해.

니버는 니버로 읽어야

그런데 니버는 한국의 기독교에도 강한 영향을 미쳤단다. 언론학자이면서 인물 비평으로 유명한 강준만 교수가 종교계를 다룰 때, 불교는 법정, 기독교 보수는 손봉호, 기독교 진보는 강원룡을 언급했지. 여기서 놀랍게도 기독교 보수와 진보의 대표 인물을 잇는 인물과 책이 있었으니, 바로 니버와 이 책《도덕적 인간과 비도덕적 사회》야[〈인물과사상〉 16호(2000년 10월), 73-75쪽]. 손봉호는 이 책을 성경 다음으로 재미있는 책이라고 했고, 강준만은 강원룡을 지칭하며 한국의 라인홀드 니버로 부르자고 했을 정도니까(위의 글, 120-128쪽).

한국 정치학계에도 니버를 연구하는 이들이 여럿 있는 걸로 알고 있다. 니버로 박사학위 논문을 쓰고 대학 강단에 선 이들도 있고. 아빠가 이 책을 집중적으로 읽는다는 소식을 들은 모 방송국 PD는 그러더라. 정치학과 출신인데, 자기는 니버가 신학자인 줄은 전혀 몰랐다가 나중에야 알았다고. 신학자이면서도 정치철학자인 니버는 한국 기독교와 정치를 이어 줄 수 있는 하나의 고리가 될 거야.

그런데 아빠에게 니버는 그리 좋은 기억으로 남아 있지 않아. 세 가지 이유 때문이야.

하나는, 1980년대 말이거나 90년대 초에 당시 연세대 신학과 노정선 교수의 책에 인용된 니버의 다음 문장을 봤거든.

'미국은 미국의 이익을 위해서라면 한국, 일본, 대만, 필리핀이 반대하더라도 무력으로 개입할 수 있다'는 내용이었어. 아연실색했지.

두 번째는 내가 칼 바르트를 읽을 때인데, 헝가리와 체코 등 동유럽이 사회주의화되었을 때, 바르트는 예레미야 29장에 입각해서, 그곳에서 그리스도인으로 사는 법을 배우라는 편지를 니버에게 보냈어. 그것이 언론에 공개되면서 바르트는 엄청난 후폭풍에 시달렸지. 그때 니버도 반박 글을 썼단다. 바르트는 사회주의자라고. 이에 바르트는 '바로 네가 미국인이 되었기 때문'이라고 쏘아붙여. 자본주의하에서도 사회주의하에서도 기독교는 기독교로 남아 있어야 하는데……. 둘 사이를 일치시키면 위험해.

세 번째는 존 요더 때문이야. 니버에 대한 가장 강력한 반대자는 아마도 요더일 거야. 정치철학보다는 기독교 윤리 측면에서 니버의 폭력·전쟁 옹호, 그리고 산상수훈의 약화에 대해 날카롭게 반박했지. 정치철학 쪽으로는 과문해서 말하기 조심스럽다만, 기독교 윤리학자로서 아빠는 요더의 손을 들어 주고 싶어. 이것은 범위를 벗어난 것이니 이쯤하기로 하자.

이 책을 정독하면서 바르트와 바르트의 제자인 요더의 눈으로만 니버를 읽었다는 사실을 새삼 알게 되었단다. 니버의 목소리를 날것 그대로 들으면서 사상의 깊이와 무게를 가늠하기 어렵더구나. 무릇 공부는 '1차 텍스트 읽기'이지. 르네상스 당

시의 인문학 부흥의 모토는 너도 알다시피 1차 자료를 직접 읽
자는 것이었잖니. 아랍을 경유하고 재탕으로 번역된 텍스트가
아니라 원천으로, 원전으로 돌아가자는 것이었지. 니버는 니버
로 읽어야 하니까 비평은 자제하고 그의 목소리를 정의라는 관
점에서 요약해 볼게.

개인윤리와 사회윤리

이 책의 내용은 제목만 이해하면 충분해. 논지는 간단한
데, 논리는 심오하지. 개별적 인간 한 사람 한 사람은 도덕적이
라도, 도덕적인 사람의 집단은 결코 도덕적이지 않다는 거야.
저것이 함의하는 바는, 개인윤리와 사회윤리를 엄격히 구별해
야 한다는 것, 개인윤리의 잣대로 정치·사회적 행동을 재단하
지 말라는 거지. 사회는 개인과 전혀 다른 영역이고 다른 규칙
에 의해 작동해.

그랬기에 니버는 개인의 도덕과 사회의 그것 사이의 좁힐
수 없는 거리를 인식할 것을 요구하지. 공과 사는 엄연히 구분
되지만, 분리되는 것도 아니지. 공적 영역에서 일하는 정치인
이나 공직자에게 개인윤리라는 잣대만 들이대는 것은 둘 사이
의 경계를 간과한 태도지. 아빠가 더 걱정스러워하는 것은 자
기 반대편을 공략할 때, 모두가 성직자가 되는 거야. 정치가 아

니라 종교이고, 정치인들이 죄다 사제가 되더라.

그럼 왜 개개인을 만나면 그토록 선한데, 사회라는 시스템 안에 있으면 인간은 비도덕적인 존재가 되고 비도덕적 행위를 거리낌 없이 자행하는 걸까? 아돌프 아이히만처럼 개별 존재로서는 자상한 아빠, 상냥한 남편, 친절한 이웃, 독실한 신앙인인데 왜 유대인 학살이라는 그토록 끔찍한 기획과 실행을 하고도 일말의 가책도 없을까? 나치 체제하의 독일인과 천황제하의 일본인이 그랬던 것처럼 말이야.

니버의 대답은 그야말로 소름 돋더구나. 개인적 이타심이 사회적 이기심이 된다는 거야. 타인을 사랑하고 배려한다는 것은 최소한의 자기희생과 양보를 전제로 해야 하잖니. 자기희생적 이타심의 극대화는 뭘까? 흔히 타인(大)을 위해 자신(小)을 내던져 희생한다고 할 때, 이를 집단의 차원에서 생각해 보면 집단 이기주의가 될 수 있는 거지.

그 집단 이기주의의 극치가 국가주의라는 거야. 국가를 위해 나 한 몸 던지는 것은 그야말로 이타심의 절정이 아니겠니. 예의 바른 한 개인이, 벌레 한 마리 잡지 못할 위인이 타인에게는 무섭도록 잔인할 수 있고, 살인을 하고서도 자랑할 수 있는 것은 국가라는 참되고 더 큰 '나'를 위해 한 일이어서 그래. 대의를 위한 헌신이고 국가에 대한 충성이기에 영웅 대접을 받는 거지.

다음 질문은 이거야. "항상 맹수들이 우글거리는 정글"(149

쪽)인 사회를 어떻게 제어할까? 니버는 설득과 조정을 하나의 대안으로 제시한단다. 인간은 얼마간은 이성적이니까. 그러나 그는 자신의 목회 경험을 통해 논리나 설득, 대화와 토론으로는 그 어떤 것도 바꿀 수 없음을 뼈저리게 깨닫지. 그는 사업주와 노동자의 대화에서 누가 논리적으로 정당하고 도덕적으로 정의로운지가 아니라, 누가 강력한 힘을 갖고 있느냐에 따라 협상이 결정된다고 해(47-48쪽).

최종 결론은 정치란다. 약자들은 자신들의 힘을 조직화하고 세력화하기 전에는 사태가 해결될 수 없음을 깨달았어. 정의로운 사회를 위해서는 도덕이 아닌 정치에 눈을 떠야 한다는 거지. "인간 사회의 정의를 획득하기 위한 싸움에는 정치가 꼭 필요"(43쪽)해. 정치를 도외시하는 근엄한 서당 훈장님 태도로는 이 세상을 바꾸지 못해.

오히려 그런 도덕적인 개인이 더 위험하지. 그들이 아무리 도덕적이라 해도 자기 문제가 되면 달라지지. "가장 이성적이고 합리적인 사람도 자신의 이해관계가 걸려 있으면 더 이상 이성적이지 않다"(107쪽)는 힘의 논리가 횡행하고, 그 이성과 논리라는 것도 강자의 이익에 복무하는 애완견에 다름 아니야. 얼마든지 비열한 행동이어도 이성으로 멋들어지게 정당화할 수 있는 위인들이니까.

그다음이 문제야. 그들은 지적 우월성을 갖고서 자신을 정당화하는 데는 탁월하거든. 그러면서도 위선적으로 도덕적 우월성을 포기하지 않으려고 하지. 그들은 이성적으로 세상이 돌아가야 한다고 주장하면서도 정작 이성적으로 살지는 않아. 그러면서도 남에게 이성과 도덕을 설교하는 위선과 기만에 빠지지. 기시감이 들지 않니? 1930년대의 미국인 니버가 오늘의 한국 정치 상황을 간파하고 있으니.

힘의 조직화

니버가 힘의 조직화를 역설한 것은 우리 시대에도 적절하다고 봐. 소위 386세대가 다 해 처먹는다는 요즘, 지금의 20대에게 정의란 무엇일까? 대안은 또 어떤 걸까? 한국 사회 불평등의 주범으로 386세대를 지목한 책, 그들이 권력을 장악해 나가는 과정을 통계와 수치, 도표로 설득력 있게 제시하는《불평등의 세대》에서 이철승은 몇 가지 대안을 보여 주고 있어. 그것들을 뭉뚱그려 말하면, 윗세대의 자발적인 자기희생과 함께 국가가 좀 더 적극적으로 개입해서 다음 세대를 위한 맞춤형 청년 복지를 펼치자는 거야(7장).

니버의 주장으로 본다면, 조정과 설득을 통한 정치이지. 그렇기에 힘의 논리를 간과한 것은 아닐까 싶어. 어느 세대가, 어떤 인간이, 다른 것도 아니고 자신의 주머니와 통장, 부동산에 깔아 놓은 돈을 자발적으로 내놓겠니. 386에게 위임하고 대리

했던 정치를 끝내고 스스로 목소리를 낼 것, 그래도 안 되면 표로 심판할 것, 이게 해결책이더라. "시민사회는 표로 응징하는 것이 최선의 방법이다"(《불평등의 세대》, 334쪽).

글쎄다. 힘의 조직화가 선행되지 않는다면, 앞선 세대의 선의에 의해 쟁취한 것은 유리그릇이 아니고 뭘까. "제국주의 형태건 계급 지배 형태건 집단적 힘이 약자를 착취할 때, 그것에 대항할 세력이 형성되지 않는 한 그 힘은 결코 사라지지 않는다는 사실을 간파하지 못하고 있다"(43쪽). 정치를 끌어들이지 않고서는 쉽사리 해결하기 어려울 거야. 그러니 정치적 상상력을 발휘해야 하지.

386은 386이 당면한 시대적 과제가 있었고, 진지하기 짝이 없는 그들만의 방식으로 산업화 세대를 치고 올라왔다면, 20대는 20대의 어젠다를 갖고 경쾌하고 발랄한 그들의 방식으로 민주화 세대를 치받고 밀어내야 할 거야. 그러자면 정치세력화되지 않고서는 어렵지 않을까?

정의를 위한 종교의 역할

정의를 위한 종교의 역할은 뭘까? 니버는 종교의 자기초월적 능력을 사회에 제시하는 것이라고 봐. 자기초월 능력이란 인간이 타인과 자신의 환경에 비추어 자신을 바라보는 것(85쪽)이

라고 해. 니버는 그의 대작인 《인간의 본성과 운명》에서 진정
한 자기초월 능력은 절대자인 신을 상정하지 않으면 안 된다고
보았어. 그랬기에 이성만으로는 한계가 뚜렷해. 게다가 이성은
욕망과 충동의 노예거든.

그러면서 그는 적 안의 악이 내게도 있다, 그 적도 사랑해
야 한다, 그 '사랑의 충동은 종교가 인간에게 줄 수 있는 특별한
선물'(360쪽)이라고 하지. 그러니까 종교는 자신에 대해서 교만
하지 말 것, 타인을 악마화하지 말 것을 선포해야 한단다. 박근
혜와 문재인 대통령을 비판하지만, 내 안에 박근혜와 문재인이
있거든. 외부의 적과 싸우는 것은 내 안의 적을 발견하는 일이
고, 그것과의 투쟁의 연장이자 확장이어야 해. 처절한 자기와의
투쟁 없이는 인간은 교만해지고, 자신의 신념과 욕망을 우상화
하는 우를 범하고 말아.

타인을 악마화하지 말라는 뜻이야. 그도 하나님이 창조한
피조물이자 하나님의 형상이라는 것, 내게는 악마처럼 보여도
그를 위해서 그리스도께서 십자가에 달려 죽으셨다는 것, 그것
을 잊는 순간 우리는 하나님이 되어서 타인을 심판하게 되는 거
지. 그것은 신의 주권에 대한 명백한 도전이야.

그리고 니버는 정의의 종교적 기반을 역설해. 정의는 정의
자체만으로는 존재할 수 없다는 거야. 인간의 상대적 정의는 초
월적인 절대적 정의의 눈금이 있어야 자신을 절대화하지 않고
겸손해지고 타협이 가능하거든. 모두들 정의를 말하지만, 어떤

정의이고 누구의, 누구를 위한 정의인지 물어보면, 그것은 자기의 정의거든. 그렇기에 신의 정의라는 절대적인 기반이 있어야 한다는 거지.

그 절대적 기반은 뭘까? 니버는 사랑이라고 해. 이 책에서 니버는 정의와 사랑을 서로 다른 별개의 것으로 파악하고 있어. 종교는 사랑을, 사회는 정의를 말하는 곳이라는 거지(121쪽). 그러나 나중에는 사랑이 정의를 포섭하지. 이기적이고 타락한 인간 사회에서 정의는 최선의 윤리이자 목표이지만, 변질되기 쉬운 정의를 끝까지 밀고 나가게 하는 힘은 사랑에서 오기 때문이야.

타인을 위해 자기를 희생하는 사랑, 곧 십자가에서 온전히 드러난 아가페적 사랑 말이야. 그 사랑의 실제적 구현체가 정의이고. 정의는 사랑의 통제하에 있어야 하며, 사랑은 정의로 발현되어야 하지. 그래서 말인데, 다음 주제는 '사랑'이 어떨까? 정의보다 더 고차원적이고 더 근원적인 사랑 말이야.

아빠는 이따금 이런 생각을 한단다. 꼴도 보기 싫어 고개를 돌리게 되는 이들이 우리 교회 교인이라면? 치 떨리는 분노가 아니라 안타까움과 연민을 품겠지. 그를 위해 눈물 흘리며 기도했을 거고. 이것이 종교인의 감상에 불과하다고 타박할 이도 있을 거야. 그러나 그게 종교이고 목사란다.

이상사회는 없다?!

그럼 우리가 추구하는 사회의 모습은 무엇일까? 니버는 그 것이 "완전한 평화와 정의로 충만된 이상적 사회의 건설에 있 는 것이 아니라, 충분한 정의는 있되 그의 공동 작업이 전적으 로 재앙에 빠지지 않도록 강제력이 충분히 비폭력적인 그런 사 회의 건설에 있다"(81쪽)고 말해. 그가 부정문으로 말한 앞부분 을 보렴. 그는 우리가 인간인 이상, 이상사회란 결코 이룰 수 없 는 불가능한 이상이라고 잘라 말한다.

그것을 지향할수록 우리는 더 위선적이 되거나 폭력적이 되겠지. 무지에 의해서든 욕망에 의해서든, 그 자신이 결코 이 상적이지 않은 우리 인간이 이상사회를 만들겠다고 덤벼드는 것은 자기기만이 아니고 무엇이겠니. 그 불가능한 꿈을 위해 자 신을 내던지는 것은 자칫하면 자신의 생각을 마치 지상 명령인 양 타인에게 요구하고 강제하겠지. 그럴수록 우리 사회는 아수 라장이 되고 말 거야.

각자가 생각하는 이상사회의 모습이 다르니, 그 속에 욱여 넣은 각자의 로망이 표현될 때 상충될 수밖에 없고, 절대적인 것으로 생각하므로 어떠한 대화나 양보가 원천 차단되어 버려. 그러니 강제력에 의해서 이상을 실현하고자 하고 강제력을 발 동하는 순간, 각자의 이상은 자멸하고 말아.

그들이 각자 그려 낸 아름다운 세상에 폭력을 새겨 넣은 이들은 아무도 없거든. 독사굴에 손을 넣어도 물지 않고 사자와 어린 양이 함께 뛰노는 그런 세상을 위해 지금 당장은 먹어 치워야 한다고 달려드는 순간, 일시적이라는 평계를 둘러대지만 자신의 대의를 스스로 짓밟은 거지. 그러기에 기대치를 바짝 낮추고 상대적인 정의를 실현하도록 해야 해.

아들아, 니버에게서 정의를 위한 구체적인 프로그램을 원했다면 허탈해질 거야. 아빠 또한 그랬으니까. 차라리 존 롤즈나 로버트 노직의 글을 읽는 게 낫지. 니버는 신학자요 정치철학자답게 메타적 접근을 하면서 정의가 정의되기 위한 전제와 조건을 꼼꼼히 따지는 쪽이야.

정의를 실현하기 위해서는 강제력이 필요하고, 그것의 한계를 설정하자는 니버의 주장에 대한 너의 생각이 궁금하다. 네가 어떤 책으로 정의를 말할지 답장 기다리마.

함께 읽고 싶은 책

라인홀드 니버, 《도덕적 인간과 비도덕적 사회 1, 2》, 문예출판사.
김용규, 《신》, IVP.
라인홀드 니버, 《인간의 본성과 운명》, 종문화사.
리처드 니버, 《그리스도와 문화》, IVP.
이철승, 《불평등의 세대》, 문학과지성사.
전재성, 《정치는 도덕적인가》, 한길사.

10. 정의는 '행복의 정치적 실현'

아리스토텔레스의 《니코마코스 윤리학》 읽기

이번 편지에도 역시나 아빠가 평소 자주 하시던 이야기들
이 많이 녹아 있네요. 현장에서 활동했던 목회자인 라인홀드 니
버가 쓴 윤리학의 고전《도덕적 인간과 비도덕적 사회》가 목사
이자 윤리학자인 아빠에게 큰 영향을 끼치지 않을 수 없었겠지
요. 도덕적인 개인들이 구축한 비도덕적인 사회의 역설을 분석
한 니버의 책은, 님비(NIMBY, Not in my backyard), 핌피(PIMFY,
Please in my front yard) 등 지역·집단 이기주의를 설명하는 좋은
단서를 제공하는 것으로 알고 있었어요. 사회학적인 통찰로 유
명한 만큼 저도 그렇게 이 책을 숙지하고 읽었는데, 신학적으
로 값진 담론이 숨어 있었군요. 아빠의 편지를 읽고 책 내용을
다시 떠올려 보니 과연 이 책이 인간만사를 다 엿볼 기회를 가
진 목회자의 글이라는 게 조금 이해가 됩니다.

행복의 정치적 실현

아빠의 지난 편지에 대한 답신으로 제가 소개하려는 철학
적 고전은 아리스토텔레스의《니코마코스 윤리학》이에요. 이

전 편지에서 플라톤의《국가》에 등장한 동굴의 비유를 중심으로, 철학적 진리가 만개한 이상 세계를 경험한 철학자는 마땅히 어두침침한 현실 세계로 다시 내려와 두 세계 사이에 다리를 놓아야 한다고 말했지요. 그것은 통치자의 운명적 과제이고, 또한 아빠가 읽어 낸《기독교 강요》의 이중 정부론과 맞닿아 있죠. 둘의 정치학적 통찰을 함께 엮다 보니 플라톤의 정의론을 충실하게 소개하지 못했는데, 이번에 아리스토텔레스의 정치철학을 엿보면서 정의에 관한 논의를 보충해 보려 해요.

우선 저는《니코마코스 윤리학》에서 아리스토텔레스가 이야기하고 싶어 하는 것을 '행복의 정치적 실현'이라고 요약해 보았습니다. 정의를 논하는데 '행복'이 왜 등장한 것인지, 다소 개인적인 영역으로 여겨지는 행복이 어떻게 정치적으로 실현된다는 것인지, 그리고 그것이 니버의 윤리학과 어떤 접점을 갖는지 천천히 이야기해 볼게요. 아리스토텔레스는 다음과 같이 논의를 시작합니다.

모든 기예(技藝)와 탐구, 또 마찬가지로 모든 행위와 선택은 어떤 좋음을 목표로 하는 것 같다. 〔…〕 그러나 추구되는 여러 목적들에는 어떤 차이가 있는 것처럼 보인다. 왜냐하면 어떤 것들의 경우 그 목적은 활동이며, 다른 것들의 경우에는 활동과는 구별되는 어떤 성과물이기 때문이다. 〔…〕 그래서 만약 '행위될 수 있는 것들'의 목적이 있어서, 우리가 이것은 그 자체 때문에 바라고, 다른 것들은 이것 때문에 바라는 것이라면, 또 우리가 모든 것을 다른 것 때문에 선택하는 것은 아니라고 한다면, 이것이 좋음이며 최상의 좋음(ariston, 최고선)일 것이라는 사실은 명백하다. (13-14쪽)

어떤 일이든지 그 일을 통해 달성하고자 하는 '좋음'이 있는데, 그 좋음에는 위계질서가 있다는 거예요. 비교급이 있다면 언제나 최상급이 있으니 가장 좋은 것이 존재하고, 가장 좋기에 모든 행위가 그것을 목표로 한다고 충분히 가정할 수 있다는 거죠. 아리스토텔레스에 따르면, 이 가장 좋은 것을 파악하기 위

세계 최초의 체계적인 윤리학 책으로 일컬어지는
《니코마코스 윤리학》(*Nicomachean Ethics*) 일부.

한 학문이 바로 정치학입니다. 고대 그리스의 정치 공동체인 폴리스(polis) 안에 어떤 학문들이 있어야만 하는지, 또 각 시민들이 어떤 종류의 학문을 얼마나 배워야 하는지를 정치학이 규정하기 때문(14쪽)이라고 해요. 결국 이 폴리스 안에서 다른 모든 학문이 이루어지는 만큼, 폴리스를 다루는 정치학(politics)이 추구하는 좋음보다 더 좋은 것은 없다는 것이지요.

그렇다면 이 최상의 목적은 무엇일까요? 우리는 살면서 셀 수 없이 많은 것을 추구해요. 부, 명예, 권력 같은 고전적인 욕망뿐 아니라 감각적이고 사회적으로 유기화한 수많은 대상들이 다 우리의 목표가 되니까요. 그런데 아리스토텔레스는 이 모든 것들을 아우르는, 우리가 추구하는 최상의 것으로 행복을 전제합니다.

그렇다면 행복은 무엇이고 어떻게 도달할 수 있을까요. 아리스토텔레스는 기능주의적 논증을 통해 행복으로 가는 길을 보여 줍니다. 어떤 것이 가장 완전하기 위해서는 존재 이유가 가장 완벽하게 충족되어야 합니다. 그것의 고유한 특성을 가장 잘 실현해 내는 것이 이 방법이지요. 그렇다면 인간이라는 종이 현실화해야 할 고유한 능력은 무엇이냐는 질문이 따라 나오는데, 그 대답은 다름 아닌 '이성'입니다.

탁월성, 가장 적절하게 행동하는 것

인간은 다른 생명체들은 갖고 있지 않고 오직 인간만이 소유하고 있는 '이성'을 통해 인간 고유의 좋음에 이르러 행복할 수 있습니다. 이러한 이성을 사용하면서 사는 것을 아리스토텔레스는 고대 그리스 철학에서 아주 중요한 개념인 '탁월성'(arete)으로 설명해요. 그에 따르면, 탁월성을 발휘할 때 인간은 좋은 삶을 살 수 있답니다. 이 탁월성이 도대체 인간을 어떻게 만들기에 우리가 탁월성을 습득해야 한다는 것인지 다음 구절이 잘 보여 줍니다.

그러므로 탁월성은 합리적 선택과 결부된 품성상태로, 우리와의 관계에서 성립하는 중용에 의존한다. 이 중용은 이성에 의해, 실천적 지혜를 가진 사람이 규정할 그런 방식으로 규정된 것이다. 중용은 두 악덕, 즉 지나침에 따른 악덕과 모자람에 따른 악덕 사이의 중용이다. 또 감정에 있어서나 행위에 있어서나 악덕의 한편은 마땅히 있어야 할 것에 모자라고, 다른 한편은 지나치는 반면, 탁월성은 중간을 발견하고 선택한다는 것을 보아서도 또한 그렇다고 할 수 있다. 이런 까닭에 탁월성은 그것의 실체(ousia)와 본질을 따르자면 중요하지만, 최선의 것과 잘해냄의 관점을 따르자면 극단이다. (66쪽)

아리스토텔레스가 중요시한 탁월성은 바로 '가장 적절하게 행동하는 것'이에요. 마땅히 용기를 내야 할 때 용기를 내는 것이 인간에게 합당한 과제라면, 용기를 내는 것에서 우리는 두 가지를 피해야 한다는 거예요. 두 악덕, 즉 지나침에 따른 악덕과 모자람에 따른 악덕 말이에요. 비겁하지도 무모하지도 않게 용기를 내는 것이 탁월한 일이고, 좋은 삶을 사는 초석인 거지요. 그런데 중용에 맞는 탁월한 선택을 한 번 했다고 해서 그 사람이 진정 탁월한 삶을 산다고는 말할 수 없겠지요. 탁월성은 산술적인 중간은 물론 아니고, 우연한 계기나 감정적인 것이 아닌(61쪽) 품성상태입니다. 품성상태라는 말이 조금은 어렵게 들리지만, 직관적으로 알 수 있듯이 타고난 본성에 습관을 들여 발전시켜 냈다는 뜻입니다.

기회가 올 때 '언제나 잘' 처신할 수 있는 품성상태에 따라 처신하고 행동하는 것이 인간의 기능을 최고로 발휘하는 것입니다. 그러므로 탁월성을 갖춘 영혼은 인간 고유의 기능을 어쩌다 한 번 탁월하게 발휘하는 것이 아니라 언제든지 탁월함을 뽐내는 것이 탁월성을 갖춘 자의 모습이라는 거예요. 아리스토텔레스의 윤리학적 전제들을 여기까지 쭉 살펴보았을 때 그가 상당히 개인윤리를 강조하고 있다는 느낌이 들어요. '윤리학'의 그리스어 어원인 에토스(ethos)가 '습관', '관습'을 뜻한다는 것을 생각하면 딱 맞아떨어지는 행동학적 윤리인 것 같습니다.

그런데 아빠, 이쯤에서 예고된 반전이 있어요. 앞서 제가 아리스토텔레스가 '모든 일이 폴리스 안에서 일어나니 모든 좋음을 총괄할 만한 학문은 정치학이라고 할 만하다'고 이야기한 것을 언급했잖아요? 그에게 최선의 국가에 대한 물음과 인간 개개인의 행복에 대한 물음은 크게 다르지 않습니다. 좋은 삶에 대한 질문은 좋은 국가에 대한 질문이니까요. "인간은 정치적 동물"이라는 아리스토텔레스의 유명한 말이 있잖아요. 그런데 이 번역 문장은 아리스토텔레스의 정치학적인 깊이를 조금 해할 수 있을 것 같아요. 동물적 속성들에 정치성을 더한 존재가 인간이라거나, 심지어 인간이 당파성을 좇는 동물에 불과하다고 오해하기 쉽고 또 그렇게 사용되는 경우도 적지 않기 때문입니다.

이 말의 본뜻은, "인간은 본성적으로 공동체 생활을 하는 동물이다"(Man is by nature a political animal)라고 번역할 때 더 살아납니다. 인간은 누구나 혼자 살아갈 수 없잖아요. 아리스토텔레스는 인간이 시민의 신분으로 태어난다고 말하지요. 또한 앞서 언급했듯이 아리스토텔레스는 인간이 탁월함의 가능태를 지니고 태어났다고 합니다. 그 가능태는 좋은 쪽으로나 나쁜 쪽으로나 모두 발전할 수 있기에 바른 습관을 형성하는 것이 중요하고요. 공동체 생활을 잘하기 위한 부단한 노력을 강조하는 것을 넘어, 아리스토텔레스는 정치 공동체의 목표가 시민들의 좋은 삶이라고까지 이야기합니다. 공동체가 없다면 탁월함을 실현할 수도 없으니까요. 그러니 오직 정치적 공동체만이 인간의 좋은 삶을 펼칠 곳입니다.

아리스토텔레스가 '행복하고 좋은 삶'을 이야기하면서 단순히 개인윤리만 강조했다고 여길 수 없는 이유가 여기 있습니다. 오히려 그는 이번 편지의 주제이기도 한 '정의'(dikaiosyne, justice)를 다음과 같이 설명하고 있어요.

정의가 온전한 탁월성이다. 하지만 단적으로 그러한 것이 아니라 다른 사람들과의 관계에서 완전한 탁월성이다. 그리고 이런 이유로 정의는 종종 탁월성 중에서 최고의 것으로 여겨지며 […] 무엇보다도 완전한 탁월성인데, 그것은 정의가 완전한 탁월성의 활용이기 때문이다. 또 정의가 완전한 것은 그것을 가진 사람이라면 그 탁월성을 자기 자신뿐만 아니라 타인에 대해서도 활용할 수 있기 때문이다. 많은 사람들은 자신들에게 속한 고유한 것에서는 탁월성을 활용할 수 있지만, 다른 사람에 대한 관계에서는 활용할 수 없으니까. (163쪽)

탁월성의 하나로서 정의를 대단히 높게 여기고 있는 모습이에요. 나뿐 아니라 타인에게도 좋은 것이라면, 훨씬 더 뛰어난 탁월성임은 당연한 이치지요. 이어지는 글에서 아리스토텔레스의 정의론이 가진 사회·윤리적 측면을 조금 더 엿볼 수 있지 않을까 해요.

바로 이런 이유로 탁월성 중에서 정의만이 유일하게 '타인에게 좋은 것'으로 보이기도 한다. 정의는 다른 사람과 관계하기 때문이다. 다스리는 사람이든 공동체의 다른 구성원이든 다른 사람에게 유익이 되는 것을 행하니까. 그렇기에 자기 자신과 친구에 대해 못됨을 행하는 사람이 가장 나쁜 사람이며, 반면 가장 좋은 사람은 그 탁월성을 자기 자신이 아니라 타인을 위해 활용하는 사람이다. 이것은 어려운 일이니까. (164쪽)

공동체는 개인의 탁월함을 위해 존재한다

아리스토텔레스가 《니코마코스 윤리학》에서 말하고자 하는 바를 아주 간략하게나마 훑어보았는데요, 다음과 같이 요약할 수 있지 않을까 해요. '정치 공동체에서 나고 자랄 운명을 지닌 인간은 이성을 활용해 품성상태까지 중용에 맞는 탁월함을 지니고 삶을 꾸려야 하며, 정치 공동체는 개별 구성원 모두가 그러한 삶을 살 수 있도록 전폭적으로 지지할 의무가 있다.' 이제 제가 서두에서 아리스토텔레스의 정의 개념을 '행복의 정치적 실현'이라고 정리해 보겠다고 한 말을 지킨 셈이겠네요. 개인의 기능을 한껏 끌어올려 발현하는 과정이 정치적일 수밖에 없으니 말이지요.

아리스토텔레스를 소개할 때 빼놓을 수 없는 가능태와 현실태의 형이상학, 플라톤의 이데아 비판 등 제가 언급하지 못한 내용이 훨씬 많아서 아쉽지만 개략적으로나마 살펴볼 수 있어서 다행입니다. 매번 편지를 주고받을 때마다 그런 느낌을 받기는 해요. 지성사를 뒤흔든 작품들의 무게와 제 조촐한 글의 가벼움을 어찌 감히 비교할 수 있겠어요. 하지만 그런 아쉬움보다는 저 고귀한 고전들을 짧은 철학적 식견으로 녹여 내어 아빠와 대화를 이어가는 즐거움이 훨씬 커요. 그래서 다음 편지가 더 기대되기도 하고요.

자, 이렇게 살펴보니 니버의 《도덕적 인간과 비도덕적 사회》와 아리스토텔레스의 《니코마코스 윤리학》사이에 차이가 보이지 않나요? 니버는 개인적 도덕성이 사회적 도덕성을 보장하지 않는다고 주장하지만, 아리스토텔레스는 더 나아가 공동체는 개인의 탁월함을 위해 존재해야 하며 집단에서 정의롭지 않은 자는 개인적인 차원에서 결코 도덕적일 수 없다고 이야기하지요. 아빠는 니버의 "가장 이성적이고 합리적인 사람도 자신의 이해관계가 걸려 있으면 더 이상 이성적이지 않다"라는 유명한 말을 인용하면서 한국 사회의 정치적 모순을 개탄했죠. 저는 《니코마코스 윤리학》을 읽으며 구성원들의 탁월함을 한껏 발현시키는 것과는 거리가 먼 정치적 문제들로 뒤덮인 한국 정치 무대의 참담한 모습을 떠올려 봅니다.

정의에 이어 사랑을 두고 대화해 보자는 아빠의 제안은 무척 마음에 들어요. 사실 《니코마코스 윤리학》에서 '친애'(親愛) 개념도 무척 중요한데 전혀 언급하지 못해서 아쉬웠거든요. 그뿐 아니라 아리스토텔레스를 읽으면서 혈연적 기초에 바탕을 둔 고대 폴리스의 사회윤리를 현대에 적용하기는 어렵다는 생각도 많이 했어요. 아빠의 제안을 읽고 오히려 저는 이 어려움을 아예 정면으로 마주해 보면 어떨까 생각했어요. 구성원들 간에 고대적 의미의 친밀감이 없는 현대사회에서 어떻게 서로를 사랑할 수 있을까요? 기독교가 사랑의 종교라는 통념을 다시 한 번 들춰 보고 싶어지네요.

인간은 인간을 어떻게 사랑할 수 있으며, 하나님은 인간을 어떻게 사랑하시는 걸까요? 제가 제일 사랑하는 아빠의 사랑에 대한 논의를 기다리면서 이번 편지를 마무리할게요.

함께 읽고 싶은 책

아리스토텔레스, 《니코마코스 윤리학》, 이제이북스.
W. K. C. 거스리, 《희랍 철학 입문》, 서광사.

2부

사랑 자유 진리

세상 학문

11. 사랑, 그놈 참!

안데르스 니그렌의 《아가페와 에로스》 읽기

사랑하는 아들아, 너의 편지 잘 읽었다. 아빠도 학부 부전
공으로 철학을, 석박사 과정에서 종교철학을 공부했지만, 네가
고르는 텍스트와 너의 독해를 통해서 배우는 바가 크다. 네 글
을 받을 때마다 세미나 수업을 하는 기분이랄까. 우리의 고전
읽기 대화가 끝나면 네가 골랐던 텍스트를 하나하나 꼼꼼히 읽
어 봐야겠구나.

라인홀드 니버와 아리스토텔레스의 정치학을 비교한 것은
네 글의 백미였다. 너는 이렇게 비교했지. '한 개인이 도덕적이더
라도 사회·정치적 집단의 영역에서는 도덕적이지 못하다는 니
버의 생각과 달리, 아리스토텔레스는 공동체에서 정의롭지 못
한 자는 개인적 수준에서도 도덕적이지 못하다고 본다'고.

그러면서 너는 화두를 던졌지. "인간은 인간을 어떻게 사랑
할 수 있으며, 하나님은 인간을 어떻게 사랑하시는 걸까요?"라
고. 이 질문은 아빠가 무엇을 하든 어디에 있든, 한 달 내내 뇌리
를 떠나지 않았어. 왜냐하면 다른 무엇보다 사랑은, 사랑을 말하
는 자의 내면과 실존을 벗어나서 말할 수 없기 때문이지. 그러니
까 사랑에 관해서 말할라치면, 내 마음 깊은 곳에서 메아리치는
'너는 사랑하니'라는 물음 앞에 괜히 위축되곤 하더라.

그러나 피할 수도 없고 피해서도 안 되겠지. 네 물음과도 연결되지만, 성서에서 하나님에 관한 가장 아름답고도 최고의 진술은 이거야. "하나님은 사랑이심이라"(요일 4:8). 신에 취한 사람이었던 스피노자처럼 신을 사랑하여 신학자가 되고 신을 사랑하는 길로서 신학을 선택한 아빠에게, 신의 사랑은 드높이 찬미해야 할 노래이면서도 골머리를 앓게 하는 문젯거리거든. 모름지기 신학한다는 것은 하나님을 말하는 일이고, 그 하나님이 사랑이시므로 사랑을 말하지 않고서, 사랑을 실천하지 않고서 신학다운 신학을 할 수 없는 거지.

해서, 하나님을 사랑이라고 말한 사도 요한의 말 바로 앞에는 이런 문장이 박혀 있단다. "사랑하지 아니하는 자는 하나님을 알지 못하나니." 사랑 그놈 앞에서 아빠는 사랑의 하나님을 온전히 사랑하지 못하는 게 아닌가 싶어 고개를 숙이지만, 사랑의 하나님을 사랑하고 싶어서 고개를 다시 든다. 이제 네가 던진 화두를 품고 본격적인 대화를 나눠 보기로 하자.

안데르스 니그렌

희림아, 아빠가 이번에 고른 책은 대체로 생소할 거야. 안데르스 니그렌(Anders Nygren, 1890-1978)의 걸작인 《아가페와 에로스》는 무려 800쪽에 달하는 대작이지. 1부는 1930년, 2부는

1936년, 2차에 걸쳐 스웨덴어로 출간되었어. 그래, 니그렌은 스웨덴 사람이야. 지은이와 이 책을 파악하기 위해 개략적이나마 알아야 할 내용이 있어. 하나는 그가 신학자요 목회자라는 것, 다른 하나는 스웨덴의 국교인 루터교인이라는 것, 그리고 마지막으로 자유주의 신학과 나치 독일과의 투쟁이야.

니그렌은 룬트(Lund) 대학에서 종교철학과 윤리학을 강의한 학자이면서 나중에 루터교회의 주교(Bishop)가 된 인물이야. 학문성과 교회됨을 동시에 추구했다는 뜻이지. 그런데 저 대학 이름을 주목해야 해. 니그렌은 룬트학파(Lundensian Theology)의 대표자거든. 쌍벽을 이루는 또 한 사람이 구스타프 아울렌인데, 두 사람 다 같은 대학에서 활동했고 같은 해에 죽었지.

두 번째는 루터 신학의 짙은 영향력이야. 그는 에로스라는 비기독교적 사랑이 기독교로 침투해 종합되는 과정에서 아가페적 사랑이 왜곡되었다고 주장하는데, 그 종합의 완성자인 아우구스티누스를 철저하게 저격하지. 동시에 그 불행한 종합의 급소를 가격해서 제자리로 돌려놓은 루터야말로 기독교 신학에서 "코페르니쿠스적 혁명"(737쪽)을 일으켰다고 보더구나. '아우구스티누스를 능가하는 루터'라니? 이처럼 과격하고도 급진적인 루터주의가 룬트학파의 특징이기도 하단다.

그에게 하나님 사랑은 반드시 이웃 사랑으로 발현되기 마련이지만, 그 이웃에 '자기' 혹은 '자기 사랑'은 없어. 오히려 하나님과 이웃을 사랑하기 위해서는 자기를 미워하지 않으면 안

된다는 거지(766쪽). 자기 사랑은 본성상 아가페적 사랑의 "악마적 왜곡"(802쪽)이라는 거야. 좀 극단적으로 보이지? 여기에는 나름의 충분한 이유가 있단다.

그게 다음 세 번째, 바로 자유주의 신학과 반나치 투쟁이야. 종교로서 자유주의 신학은 인간의 이성을 통한 하나님과 인간의 종합을, 정치로서 나치는 아리안족 인간의 피와 흙의 우월성에 기반을 둔 것인데, 둘은 이어져 있어. 이 책에서 니그렌은 인간의 사랑에서 신의 사랑으로 상승하려는 '천상의 사다리'를 무참히 파괴해 버려. 하나님과 인간 사이의 단절이 극단적이고 편향적인 듯하지만, 시대적 정황에서 보면 충분히 납득할 만하지 않겠니.

아가페, 에로스, 노모스

아들아, 지난 글에서도 얘기했고 너도 이미 책을 출간한 저자여서 잘 알 거야. 책 제목은 모든 걸 담고 있으면서도 어쩔 수 없이 '삐져 나가는' 것들이 있잖니. 이 책도 그래. 아가페와 에로스에 관한 책이라는 것은 단박에 알 수 있지. 간결하니까. 하지만 제대로 표현하려면 제목을 '아가페와 에로스 그리고 노모스'라고 해야 했을 거야. 사랑을 유대교는 노모스, 그리스는 에로스, 기독교는 아가페라고 정의한다고 언급하고, 그 삼겹줄로

이 책을 엮어 가니까. 물론 노모스를 뺀 두 개념이 더 중심적이기는 하지만 말이야.

니그렌은 역사적인 접근을 한단다. 서구 기독교 사상사에서 아가페와 에로스라는 두 사랑이 갈등하면서 통합되었고 그것이 종교개혁에 이르러서야 다시 제자리를 잡았다는 거지. 좀 더 풀어 보자면, 신약성서의 사랑은 아가페적 사랑이었는데 이 사랑은 두 개의 적대적 전선에서 전투를 벌이지. 바로 그리스의 에로스와 유대교의 노모스야.

대립하면서도 서로 모방하는 건 역사가 말해 주는 인간 모습이잖니. 교회사를 일별해 보면, 영지주의와 알렉산드리아 학파는 에로스 유형, 2세기 변증가들과 터툴리안은 노모스 유형으로 기울고, 마르키온과 이레나이우스는 아가페 유형으로 분류한단다. 갈등을 빚으면서도 타협하던 이 삼겹줄이 마침내 아우구스티누스에 의해 종합을 이루지.

이 불행한 종합은 두 가지 이유에 의해 파괴되는데, 르네상스가 에로스를, 종교개혁이 아가페를 갱신하면서지. 중세에는 인간적인 것과 신적인 것이 뒤섞였는데 인간의 자기 사랑은 르네상스에 의해 독립성과 자율성을 확보했어. 종교개혁은 정반대 노선을 취하는데 어설프게 종합된 사랑에서 인간적인 것을 일소함으로써 아가페적 사랑을 회복했다는 게 니그렌의 주장이야.

그럼 아가페란 어떤 사랑일까? 니그렌은 아가페가 기독교

의 유일한 동기는 아니지만, 핵심적이고 중심적인 위치를 차지
한다(43쪽)고 말해. 아가페 환원주의는 아닌 거지. 바울이 말한
바, 믿음 소망 사랑 중에 제일은 사랑이니까 기독교는 정녕 사
랑의 종교야. 이것이 서구 사상사에서 기독교의 공헌 중 하나
지. 그리스 사상에 아가페라는 사랑은 없었거든. "아가페가 없
으면 기독교적인 어떤 것도 결코 기독교적일 수 없다. 아가페는
기독교의 고유한 독창적인 기초개념"(49쪽)이야.

이 사랑의 신학자는 아가페를 크게 네 가지로 풀이해(78-
83쪽). 첫째, 아가페는 자발적이고 무엇보다도 '비동기적'이야.
자발적이라 함은 자기 밖 외부의 요구나 강요에 의한 것이 아
니라 자기 안에서, 자기 스스로 사랑하기로 선택했다는 뜻이야.
비동기적이라는 것은 사랑에 어떤 이유도 없다는 거지. 적절한
예가 생각나는구나. 욥이 아무 까닭이나 조건 없이 믿는지 여
부를 두고 사탄이 하나님께 내기를 걸지(욥 1:9-12). 우리는 하
나님께 무언가를 얻는 게 있으니까 믿는 걸까, 아니면 아무런
바람도 없이 믿는 걸까? 욥은 비동기적 신앙과 비동기적 사랑
이 있다는 산 증거란다.

둘째, 아가페는 어떤 가치에 치우치지 않으며 대상에 좌우
되지 않는 사랑이야. 그 사람이 사랑받을 만한 대상이거나 조
건을 갖고 있어서 사랑하는 게 아니야. 마쓰미 토요토미의 작
고 예쁜 책 《참 사랑은 그 어디에》는 사랑을 세 가지 종류로 구
분해. 전제 조건이 달려 있는 '만약에 사랑'(if love), 조건이 따

라붙는 '때문에 사랑'(because love), 아무 조건 없는 '그럼에도 불구하고의 사랑'(in spite of love). 우리가 사랑받을 만한 가치나 조건, 행위나 공로가 있어서 하나님이 우리를 사랑하신 것이 아니지. 오히려 하나님에게 반역을 일삼는 죄인임에도 불구하고 사랑하시지.

셋째, 아가페는 창조적 사랑이야. 아무 가치 없는 인간을 가치 있는 존재로 창조하셨다는 뜻이야. "하나님의 사랑을 받는다는 사실만이 그에게 가치를 제공할 뿐"(81쪽)이거든. 이 점이 극명하게 드러난 것이 죄 용서란다. 그 사랑은 죄의 노예로 살던 자를 죄로부터 자유롭게 해. 또한 용서받은 자는 용서하는 자로 살게 되지. 이전에 상상조차 못하던 새로운 삶을 살게 하는 것이 무조건적으로 용서하는 아가페야.

마지막으로 아가페는 하나님과의 친교를 불러일으킨단다. 죄인 된 인간이 하나님께로 나아갈 길이 도무지 불가능한 상황에서 하나님께서 친히 길을 열어 주셨지. 바로 아가페적 사랑으로 말이야. 그 때문에 아가페는 하나님과의 참되고도 깊은 사귐을 열어 주지. 하나님에게로 올라가려고 아무리 몸부림치고 아등바등해도 결코 다다를 수 없는 미력한 것, 아니 무력한 것이 에로스적 사랑이라면, 아가페야말로 하나님이 인간에게로 내려오시는 '내리 사랑'의 길을 개척하심으로 하나님과 인간 사이의 인격적이고 친밀한 교제를 성취할 수 있었지.

그러면 여기서 잠깐, 플라톤의 《향연》에 대한 니그렌의 에로스 해석(169-182쪽)을 간략히 소개할게. 에로스란 천상의 선(善)과 미(美)를 갈망하는 사랑이야. 바로 그렇기에 그 사랑은 첫째, 욕망하는 사랑 혹은 획득적 사랑이지. 자기 결핍을 채우려는 필요에 의한 사랑이기에 대상을 소유하려고 들어. 그리고 결코 소유하지 못하기에 언제나 욕망하지. 둘째, 에로스는 인간이 신적인 것으로 가는 길이야. 이데아에 대한 기억을 갖고서 사멸하는 세계를 벗어나서 신에게로 나아가려는 모든 것이 에로스적 충동의 산물이지. 셋째, 결국 그런 사랑은 '자기중심적 사랑'일 수밖에 없다는 것이 니그렌의 결론이야. 불멸과 선, 그리고 아름다움을 욕망하는 사랑이지만, 갈망한다는 점에서 인간 내부에 있는 것이어서 에로스라는 동기는 자기중심적 의지에 따라 움직이지.

방금 말한 세 가지는 플라톤이 말한 에로스에 대한 니그렌의 기독교적 해석인 셈이다. 에로스를 이렇게 이해했기에 니그렌은 아가페와 에로스는 '통약불가능'(공통분모가 없음)하다고 주장해. 사실 이 점에서는 C. S. 루이스도 동의하는데, 그는 사랑을 '선물'과 '필요'라는 단어로 구분한단다. 하나님의 사랑이 '선물의 사랑'이라면, 인간의 사랑은 '필요의 사랑'이야(《네 가지 사랑》, 13-14쪽). 그런데 인간이 제아무리 하나님을 숭고하게 사랑한다고 해도, 그 사랑은 "본질적으로 필요의 사랑일 수밖에 없다"는 거지.

사랑이 무어냐고 묻는다면

니그렌의 유형론은 반박할 여지가 많다. 이건 복합적인 상황과 연관된 사상을 탈맥락화해서 구조화·도식화하는 과정에서 생기는 문제란다. 자신이 설정한 도식에 그 복잡다단한 사상을 욱여넣는 꼴이 되고 말지. 본말전도(本末顚倒), 애초에 설명을 위한 도구가 목적이 되고 만 격이지. 이제 노모스로서의 유대교, 이기적 사랑으로서의 에로스론, 아가페로서 신약성서의 사랑에 대한 반론을 살펴봄으로써 니그렌의 텍스트가 지닌 한계를 짚어 볼까 한다. 그렇게 함으로써 사랑을 좀 더 깊이 들여다볼 수도 있으니까.

여기서 잠시 질문을 하나 해볼까. 유대교 또는 구약성서가 '노모스'로 간단하게 규격화될까? 1세기 유대교에 대한 혁명적 시선을 제시한 E. P. 샌더스나 바울에 대한 새관점 학파가 들으면 펄쩍 뛸 얘기야. 왜냐하면 유대교는 그냥 율법주의가 아니라 샌더스가 명명한 대로 언약적 율법주의거든. 유대인은 하나님의 특별한 선택에 의해 하나님 백성이 되었고, 그들과의 언약으로 율법을 체결한 하나님은 그들을 지키시겠다는 약속을 주셨고 그들은 순종하겠다고 다짐했거든. 그러니까 구약과 유대교는 노모스가 아니라 은총에 의한 언약 체계라는 거지. 그러니 노모스로 일괄 치환하는 데 강하게 반대할 거야.

나도 그렇게 생각해. 가장 대표적으로, 출애굽기는 법률이 아니라 사랑이야. 노예살이 하는 하층민을 하나님께서 특별히 선택하신 것은, 니그렌이 말한 것처럼 아가페적 사랑이 아니고 는 설명할 수 없지. 이스라엘의 거듭되는 타락과 범죄에 내려진 하나님의 정의로운 심판 이면에는 하나님의 사랑의 눈물이 흐르고 있어. 그들을 다시 회복시키는 역사도 언약에 기반한 사랑 때문이었고. 사랑이 아니라면 이스라엘의 역사는 출애굽기나 민수기 부분에서 끝났을 거야. 하나님의 사랑이 구약 이야기를 아예 창조한 거지.

그리스 철학, 특히 플라톤의 에로스론을 이기적인 자기 사랑으로 등식화할 수 있을까? 아마 이 부분은 네가 더 잘 알 거야. 플라톤의《향연》에서 에로스는 신과 선, 그리고 미를 향한 상승이잖니. 좋고도 아름다운 것, 시간 속에서 사멸하거니 시그라지지 않는 영원한 것을 향한 갈망에 의해 근원적 출처인 신에게로 무한한 상승의 불을 지피지. 그렇기에 에로스적 사랑을 그저 이기적 사랑으로 치부하는 건 너무 기독교 편향적인 해석이면서, 마냥 세속적인 것으로 통친다는 생각이 들어.

기독교 내부에서도 니그렌의 아가페 이해에 대해 흔쾌히 동의하는 이들이 많지는 않아. 기독교 또는 신약성서의 아가페가 자기 사랑도 정의도 배제한 이타적 사랑이기만 한 걸까? 하나님의 사랑과 인간의 자기 사랑은 상호 배척하는 걸까? 하나님의 사랑이 우선이고 그로부터 우러나오는 인간에 대한 사랑과 그 사랑의 일부로 자기 사랑을 자리매김할 수는 없는 걸까?

너의 질문으로 다시 돌아가면, 사람을 사랑하는 것과 하나님을 사랑한다는 것이 무엇이냐고 물었는데, 네가 그 둘을 서로 밀쳐 내는 것으로 상정하지는 않았을 성싶구나. 그 둘은 하나이거나 밀접하게 결부되어 있다고 보았을 듯한데, 그렇지 않니?

적어도 니그렌의 생각이 지당한 것은 하나님의 사랑이 우선이라는 점에서야. 그 사랑은 십자가 사랑으로 확증되었지. 아빠에게 누군가 하나님의 사랑이 무엇이냐고 묻는다면, '십자가를 보라'고 대답할 거야. 하나님의 사랑이 어디에 있느냐고 묻는다면 이 또한 '십자가에 있다'고 힘주어 말할 거야. 니그렌은 이렇게 표현했지. "십자가의 사랑이야말로 바울의 사랑 개념을 가장 잘 묘사하는 형식적 명칭일 것이다"(119쪽). 그 사랑이 원수 사랑이 되고, 기독교 평화주의의 기초를 형성하지.

그렇다면 어떤 계산도 대상도 고려하지 않는 절대 순수 무구한 하나님의 사랑을 기반으로 서로 사랑과 자기 사랑도 가능하지 않을까? 그러면서도 아가페는 인간의 모든 사랑을 사랑되게 하는 척도로서의 사랑으로 자리하고 말이야. 물론 에로스적 사랑도 긍정적인 면이 많아. 우리가 무언가를 알고 싶어 하는 욕구가 바로 에로스적인 것이잖니. 그것이 있기에 너와 내가 이토록 읽고 글을 쓰고 배우려고 하는 것이고.

그러므로 노모스 안에도 신적인 사랑이 머물고, 에로스적 사랑에도 신의 사랑의 흔적이 깃들어 있지. 아울러 아가페적 사랑 안에는 노모스적 정의도 에로틱한 사랑도 들어 있어. 한국 기독교가, 그리고 내가 회복해야 할 사랑도 '노모스적 사랑, 에로스적 사랑, 아가페적 사랑 모두가 온전히 통합된 것이지 않을까'라고 아빠는 생각해.

아들아, 여기서 우리가 이미 토론했던 '정의'를 다시 떠올린다. 왜냐하면 니그렌의 사랑론은 정의를 약화하거나 사랑과 정의를 대립시키기 때문이야. 그의 말을 직접 들어 보렴.

동기 있는 공의는 여기서 동기 있는 사랑에 자리를 양보해야 한다. (90쪽)

니그렌은 그 근거를 소위 탕자의 비유로 잘 알려진 기다리는 아버지의 비유와 포도원 일꾼에게 품삯을 주는 주인의 비유에서 찾는단다. 맏아들과 포도원 일꾼들은 정의라는 잣대를 들이대지만, 아버지와 주인은 사랑의 관점으로 행동한다는 거지. 해석의 타당성은 차치하더라도, '저렇게 사랑과 정의의 이분법이 과연 성서적이고 기독교다운 것일까'라는 의문이 생기더구나.

이러한 니그렌의 입장에 강력한 반기를 든 사람이 니콜라스 월터스토프야. 그는 니그렌이 정의를 배제한 사랑을 주장한다는 부분을 집중 타격하지. 월터스토프는 자서전적인 책 《하나님의 정의》에서 자신의 전 생애를 정의라는 키워드로 일관한단다. 남아공의 아파르트헤이트 철폐와 남미의 사회정의운동에 깊숙이 참여한 월터스토프의 눈으로 보건대, 정의 없는 사랑은 신약적 사랑이 아니다. 하나님의 사랑과 용서는 정의에 대한 요구이며 불의에 대한 민감성을 전제한다. 하나님이 죄악된 인간을 사랑한다고, 용서한다고 할 때, 그것은 정의에서 비롯된 것이 분명하다. 사랑할 수 없고, 사랑받을 수 없는 죄인을 사랑한다는 말 자체가, 옳고 그름이라는 가치 판단과 도덕적 기준, 신적 심판을 전제로 하기 때문이지. 그렇기에 하나님의 사랑은 정의의 실현이야. 진정한 사랑은 정의의 실천이지.

정의와 사랑의 동반 관계

희림아, 아빠는 '정의의 실현으로서의 사랑'이라는 점에서 월터스토프의 말이 옳다고 본다. 그러나 사랑 없는 정의는 냉혹하지. 그런 점에서 사랑은 정의의 초석이고, 정의의 초과라고 생각해. '정의의 실현으로서의 사랑'과 '정의의 초과로서의 사랑'이라는 두 측면 사이에 어떤 긴장점이 있는지 모르겠지만, 둘은 언제나 함께하지. 성서에 나타난 하나님의 사랑을 살펴보면 금세 드러나.

성서에 나타난 하나님의 사랑은 상당히 이율배반적이란다. 어느 곳에서는 배타적 사랑으로, 다른 곳에서는 보편적 사랑으로 나타나지. 나는 하나님의 아가페적 사랑은 두 가지를 모두 포함한다고 봐. 하나님의 사랑은 배타적인 동시에 보편적이라는 거지. 배타적 사랑이 약자를 위한 편애라면, 보편적 사랑은 만인을 위한 사랑이지. 앞의 것은 정의를 위한 기초를 형성하고, 뒤의 것은 평화를 위한 기초가 된다. 한 사회나 공동체가 얼마나 정의로운지 재는 척도는 그 사회의 약자가 어떤 상태인지를 보면 알 수 있다. 구약시대 상황에서 가장 약자이자 소수였던 고아와 과부, 나그네 또는 난민에 대한 사랑은 그들을 억압하고 학대하는 자를 향한 정당한 분노로 표출되고 그들에 대한 하나님의 심판 선언으로 이어지지.

언젠가 〈로마서〉를 읽다가 특이한 구절을 보았단다. '하나님은 사람을 외모로 차별하지 않는다'(2:11). 200번 넘게 닳고 닳도록 읽은 성경이건만, 어느 날 계시처럼 이 구절이 큼직하게 다가오더라. 이 구절이 의외로 〈로마서〉에서 중요한 구절이겠다, 그런 감(촉) 말이야. 모든 인간이 죄인이라는 하나님의 법정 판결의 최종 목적은, 모든 사람이 차별 없이 구원받을 수 있다는 논리를 위한 교두보란다.

그가 설사 무지막지하게 나쁜 짓만 일삼는 악인이라도, 아니면 법 없이도 잘 사는 도덕적 인간이라도, 설혹 그가 종교적인 유대인들의 헌신과 열심을 능가한다고 해도, 모두가 죄인이며 모두가 하나님의 사랑을 필요로 한다는 것, 그게 〈로마서〉와 바울 사도의 핵심이지. 그랬기에 차별 없는 사랑을 반대하는 일체의 시도에 대해 바울은 〈갈라디아서〉에서 '저주'를 선언하기를 주저하지 않지. 할례로 대표되는, 하나님의 보편적 사랑에 제약을 가하려는 것들을 완강하게 반대했고.

만약 하나님의 백성됨의 표징으로 할례를 반드시 받아야 한다면 어떻게 될까? 할례 이전의 존재됨, 특히 후천적인 것이 아니라 생득적인 것들, 즉 성·계층·민족·인종 등에 대한 차별이 정당화되겠지. 남자여야 하고 유대인이어야 하니까 말이야. 또한 약자를 억압하는 강자, 소수자를 배제하는 다수, 빈자를 착취하는 부자들도, 한편으론 그들의 행위에 따른 정당한 비판과 처벌을 받아야 하지만 하나님의 형상으로 빚어진 하나님의 자녀라는 점은 변치 않아. 어쩌면 그 진실이 모든 것의 토대가 되지. 나아가 예수 그리스도께서 십자가에서 죽으시고 부활하실 때, 모든 사람을 구원하시려는 아버지의 뜻에 순종하실 때, 그 사랑에서 누구도 제외되길 원하지 않으셨어. 그가 죄인이고 악인이더라도 말이야.

사랑하는 아들아, 우리가 어떻게 하나님을 사랑하고, 서로를 사랑할 수 있느냐는 너의 물음에 니그렌의 사상에 기대어 이렇게 답하련다. '하나님의 아가페적 사랑을 받은 우리는 그 사랑으로 서로를 사랑한다고. 그 사랑은 차별하는 배타적 사랑이면서 차별 없는 보편적 사랑이기도 하다고. 사랑, 그놈 참 어렵다. 사랑 그놈이, 참이다. 답이다'라고.

누구나 사랑하지만 배타적으로 너를 사랑하는 아빠가.

함께 읽고 싶은 책

안데르스 니그렌, 《아가페와 에로스》, CH북스.

구약성서 〈욥기〉.

니콜라스 월터스토프, 《하나님의 정의》, 복있는사람.

마쓰미 토요토미, 《참 사랑은 그 어디에》, IVP.

C. S. 루이스, 《네 가지 사랑》, 홍성사.

플라톤, 《향연》, 아카넷.

12. 모두를 아우르는 사랑

묵적의 《묵자》 읽기

아빠가 소개한 신학의 고전에 철학사의 고전을 덧대 비교
하면서 이야기를 이끌어 오는 이 시간이 정말 즐겁네요. 아빠는
제 편지를 받을 때마다 세미나 수업을 하는 기분이라고 하셨는
데 저는 꼭 수업을 듣고 소논문으로 수업 내용을 정리해 보는
기분이 들어요. 그만큼 어렵지만 재미있다는 거겠죠?

　그런데 지난 편지들을 돌아보면 제 글에 만족감도 있지만
아쉬움도 남습니다. 특히 지난 두 편지에서 나눈 플라톤의《국
가》와 아리스토텔레스의《니코마코스 정치학》을 다시 읽어 보
니 제 글에 부족함이 많이 느껴졌어요. 철학사의 거장들을 읽
고 쓴다는 흥분에 편지를 너무 학술적인(^^) 분위기로 이끈 건
아닌가 싶네요.

　그런 아쉬움이 있던 차에 니그렌의《아가페와 에로스》를
담은 아빠의 편지를 읽고 여러 차례 감탄했습니다. 아주 어릴
때부터 책장 한구석에서 자주 보던 그 책을 택하셔서 기대가
되었는데, 신학사적 맥락에서 소개하면서도 니그렌의 삶, 책에
서 비판할 점, 그리고 무엇보다도 저와의 편지 맥락까지 잘 버
무려진 글로 읽혔거든요. 기독교적 사랑인 아가페의 본질을 추
적하는 책이라니 저도 꼭 읽어 봐야겠습니다.

아빠의 그 글에 대한 응답으로 저는 《묵자》를 읽었어요. 우리 편지에서 비서구인이 등장한 첫 번째 글이 되겠네요. 고등학교 때까지는 동양철학을 더 많이 읽고 좋아했던 것 같은데, 철학과에 다니면서부터 서양철학을 중심으로 공부하다 보니 《묵자》는 아주 오랜만에 펼쳐 봤어요. 《묵자》를 통해, 아빠가 이야기한 기독교의 핵심적이고 독창적인 개념인 '아가페'를 '묵자의 겸애(兼愛)'와 비교해 보려고요.

묵자와 호빵맨

우선 묵자(묵적)와 관련된 짧은 글을 하나 옮기면서 개괄하려고 해요. 저의 책 《여하튼, 철학을 팝니다》에 실었던 글 일부인데, 제목은 "묵자와 호빵맨"이에요. 제목에서 알 수 있듯 호빵맨에 빗대서 묵자의 사상을 짧고 쉽고 재미있게 소개하려 한 글입니다.

망토를 두르고 하늘을 날며 나쁜 이들을 무찌르는 호빵맨. 흔한 만화 속 영웅처럼 보이지만, 배고픈 사람을 만나면 자기의 머리를 떼어 주는 호빵맨의 모습은 다른 만화에서는 찾아볼 수 없죠. 다소 기괴한 이 설정은 〈호빵맨〉의 작가 야나세 타카시가 태평양전쟁 때 죽을 고비를 넘기고 돌아오는 동안 겪은 살인적인 배고픔을 바탕으로 만들어진 것입니다.

그의 생각에 세상에 배고픈 것보다 괴로운 일은 없는데, 만화 속의 영웅들은 배고픈 사람들을 도와주지 않는다는 것이죠. 그래서 그는 머리를 떼어내 배고픈 사람에게 건네주는 호빵맨을 창작합니다. 전 세계를 날아다니며 분쟁 지역에서 배를 곯는 어린이들에게 빵을 나누어 주는 호빵맨은 그를 전투기로 오인하여 발사한 미사일에 맞는 것으로 최후를 맞이합니다.

고대 중국에도 호빵맨과 같은 철학자가 있었습니다. 봄[春]과 가을[秋]이라는 이름에 걸맞지 않게 잔혹했던 춘추 전국시대. 200여 개에 이르는 제후국들이 몇 개의 국가로 통합하는 과정은 현대인이 상상할 수 없는 전쟁의 연속이었죠. 그 유명한 공자나 노자도 이 시기에 활동했습니다. 혼란한 때에 무엇이 세상을 이롭게 할까 고민했었죠.

모든 사람이 제 일을 하면서 서로 예를 갖추어야 한다고 생각했던 공자는 정치로 뜻을 펼치기 위해 천하를 방랑했고, 노자는 흙탕물에 손을 대보아야 더 흐려질 뿐이라는 생각으로 세상살이에 손을 떼고 은둔하는 삶을 살았습니다. 그런데 이 두 사상가를 강력하게 비판한 사람이 있었습니다.

예를 갖추다 보니 생기는 허례허식들을 감당할 수 없으니

예는 집어치우라고 했던, 지식인이 손 떼면 사회 개혁은 누가 책임을 지느냐고 목소리를 높였던, 싸우지 말고 백성들이 굶지 않는 실용적인 정치를 갈망했던, 모든 사람을 차등 없이 사랑하라는 사상을 펼쳤던 묵자가 바로 그 사람입니다. 〔…〕 백성과 노동자의 삶이 실제적으로 개선될 수 있도록 평생을 고민하여 싸웠던 묵자의 사상은 춘추전국 시대뿐만 아니라 헬조선에서도 울림이 있을 것입니다. 백성의 실제적인 삶을 방관하며 정치인의 사익을 위해 싸우는 정치는 지금도 만연하니까요.

어쩌면 지금 우리에게는 묵자가, 아니 호빵맨이 필요하지 않을까요?

어떤가요?《묵자》뿐 아니라 묵자를 다룬 해설서도 많이 읽으신 아빠가 보기에 묵자의 사상이 짧고 쉽고 재미있게 요약된 글인가요? 그 깊이 있는 사유와 통찰을 어떻게 하면 간단하게 쓸까 고민하다가 묵자를 처음 접했을 때 떠올랐던 호빵맨의 느낌을 바로 적용해 보았어요. 지금 생각해 보아도 묵자와 호빵맨은 서로 비슷한 철학을 공유한다고 자신합니다. 인용한 제 글에서 이미 설명해 버렸지만 본격적으로 이번 주제에 맞게 사랑을 이야기해 볼까요?

《묵자》의 겸애

우리가 매일같이 사용하면서도 정작 무슨 뜻인지 명확하게 알기 어렵고, 받기도 어려울뿐더러 주기는 더 어려운 그 말, 사랑. 사랑이 넉넉하면 세상은 더 좋은 곳으로 변하지 않을까요? 아마 묵자도 사랑[愛]을 두고 비슷하게 고민하고 번뇌했을 거라고 생각해요. 묵자는 폭력과 전쟁이 넘쳐나는 시대를 살면서 사랑을 갈망한 사람이니까요. 다음 구절을 읽으면 묵자가 사랑 없음을 얼마나 통탄해하는지 절절하게 다가옵니다.

난이 어디에서 일어나는지 살펴보면 서로가 사랑하지 않는 데서 일어난다. 신하나 자식이 군주나 부모를 사랑하지 않음을 이른바 난이라 한다. 자식은 자신만을 사랑하고 부모를 사랑하지 않는다. 〔…〕 아우는 자신만을 사랑하고 형을 사랑하지 않는다. 〔…〕 신하는 자신만을 사랑하고 군주를 사랑하지 않는다. 〔…〕 부모는 자신만을 사랑하고 자식을 사랑하지 않는다. 〔…〕 형은 자신만을 사랑하고 아우를 사랑하지 않는다. 〔…〕 군주는 자신만을 사랑하고 신하를 사랑하지 않는다. 〔…〕 이것은 무엇인가? 모두 서로를 사랑하지 않는 데서 일어난다. 〔…〕 천하가 어지러워지는 일은 여기에 다 갖추어져 있을 뿐이다. 이것이 어디에서 일어나는지 살펴보면 모두 서로가 사랑하지 않는 데서 일어

나는 것이다. (201쪽)

묵자는 혼란스러운 시기에 공동체를 구성하는 관계들의 밑
거름이 되는 가치와 신념들이 모두 무너지는 걸 보면서 사랑을
희망으로 삼았던 것이지요. 그렇다면 이 중요한 단어를 묵자
는 어떤 의미로 사용하는 걸까요? 사랑이라는 말만 들으면 수
많은 용례와 맥락들이 떠오릅니다. 친구, 연인, 가족 등 대개는
'애정'의 의미지요. 아빠가 저를 사랑하고 저도 아빠를 사랑한
다고 할 때, 우리는 여기서 사랑을 애정이라고 바꿔도 큰 문제
는 없을 것 같아요.

반면 묵자가 사용한 사랑[愛] 개념은 애정(affection)보다는
고려(consideration)에 가깝습니다. 묵자의 맥락에서 '愛'의 어원
을 분석한 자료를 찾아보니, 당시 '愛'는 旡(기: 뒤돌아보다), 心
(심: 마음), 夂(쇠: 천천히 걷다)를 합친 거래요. "뭔가 뒤에 마음을
두고 돌아본 채 천천히 가는 사람"이라는 뜻이지요. 이러한 어
원에 비추어 볼 때 사랑은 '차마 끊지 못하는 마음', '차마 잊지
못하는 마음'으로, 애틋하며 살가운 애정이라기보다 어떤 것이
좋은 효과를 거둘 수 있을까라는 관점에서 냉정하고 차분하게
따지는 '고려'에 가깝겠지요.

그런데 묵자는 사랑이라는 말 앞에 한 글자를 덧붙여서 놀
라운 개념을 만들어 냅니다. 다름 아닌 '겸'(兼)인데요, '아우르
다'는 뜻이에요. 그렇다면 묵자의 상징적인 개념인 '겸애'(兼愛)

는 '모두를 아울러 사랑(고려, 배려)하는 것'이라고 정의 내릴 수 있겠지요. 모두를 아울러 사랑한다면 난세를 극복해 낼 수 있다는 묵자의 굳센 꿈은 《묵자》 전체에 흩뿌려져 있어요. 그런데 아빠, 이렇게 놓고 보면 겸애와 아가페는 정말 닮지 않았나요? 저만 그렇게 생각하는 건 아니에요. 굉장히 많은 연구자들이 예수 이전의 사상가인 묵자의 겸애에서 기독교적 아가페를 발견하고 놀라워합니다. 심지어 겸애와 아가페가 일치한다는 다소 강한 견해도 있더라고요.

그런데 저는 겸애와 아가페는 분명히 다르다고 생각해요. 이미 아빠가 알아채지 않았을까 싶은데요. 묵자에는 사랑을 통한 목적이 분명합니다. 바로 이로움[利]이에요.

천하에서 남을 사랑하고 남을 이롭게 하는 것을 가려 이름을 붙이자면 '별'(別)이겠는가, '겸'이겠는가? 곧 반드시 '겸'이라고 말할 것이다. 그렇다면 바로 이 번갈아 아우르는 것이야말로 과연 천하의 큰 이를 낳는 것이겠다. 〔…〕 '겸'은 옳다. 〔…〕 인인(仁人)이 해야 할 일이란 반드시 힘써 천하의 이를 일으키고 천하의 해를 물리치기 바라는 것이다. 지금 내가 '겸'이 생겨나는 데를 알아보니 천하의 큰 이라는 것이다. 내가 '별'이 생겨나는 데를 알아보니 천하의 큰 해라는 것이다. 〔…〕 '별'이 그르고 '겸'이 옳다.
(225쪽)

'별'은 '겸'의 반의어로, 모두를 아우르는 것이 아닌 나와 가까운 것부터 챙긴다는 뜻이지요. 아빠가 니그렌의 신학을 소개하면서, 아가페를 크게 네 가지로 풀이한다고 했지요. 그런데 그중 첫 번째 요소, 아가페의 자발적이고 비동기적인 면은 묵자의 겸애와 그 결이 사뭇 달라요. 아빠는 아가페의 자발적인 측면을 '자기 밖 외부의 요구나 강요에 의한 것이 아니라 자기 안에서, 자기 스스로 사랑하기로 선택했다는 것'이라고 설명하면서 아무 까닭 없이 믿는 욥의 비동기적 신앙과 사랑을 예로 들었죠. 겸애는 그 정도로 형이상학적인 사랑은 아니에요. 모두를 아울러 사랑한다는 극도로 추상적인 이야기는 사실 그 동기가 명쾌하고 분명합니다. 그것이 모두에게 이익이 되기에 그렇게 해야 한다는 거예요. 더 나아가 이로움이 곧 의로움이라고도 합니다. 모두에게 이로움이 된다면, 그것이 의롭다는 말이지요.

천지에 대한 논의

모두에게 이익이 되게 하자는 묵자의 사상은 기독교적인 아가페보다 근대의 공리주의와 매우 비슷하고, 묵자를 공리주의적으로 분석하는 연구도 많이 있어요. 그런데 아빠, 묵자 철학의 고갱이인 겸애가 아가페와 외견은 비슷하나 속은 다른 점이 있지만, 묵자를 읽다 보면 또다시 기독교와 가까운 친화성을 마주하고 흠칫 놀라게 됩니다. 바로 하늘의 뜻, 천지(天志)에 대한 논의입니다.

그렇다면 하늘은 또한 무엇을 바라고 무엇을 싫어하는가? 하늘은 의를 바라고 불의를 싫어한다. 그렇다면 천하의 백성을 이끌고 의로운 일에 종사한다면 내가 곧 하늘이 바라는 바를 하는 것이 된다. 내가 하늘이 바라는 바를 한다면 하늘 또한 내가 바라는 바를 한다. 그렇다면 내가 무엇을 바라고 무엇을 싫어하는가? 〔…〕 하늘은 생을 바라고 죽음을 싫어하며, 부를 바라고 가난을 싫어하며, 다스려짐을 바라고 어지러워짐을 싫어하는 것이다. (337쪽)

이 구절도 읽다 보면 묵자의 하늘이 기독교의 하나님과 비슷하다는 생각이 들다가도 무언가 다르다는 게 확연히 느껴집니다. 바로 인격성입니다. 기독교의 대표적인 특징이 하나님의 인격성이잖아요. 그러니 아빠가 얘기한 아가페의 네 가지 중 마지막, '하나님과의 친교를 불러일으키는 아가페'는 '하늘의 뜻을 실현하는 겸애'와 근본적으로 다를 수밖에 없지요. 동양철학에서의 하늘[天]은 사용하는 사람마다 종교적인 특성을 부과하는 경우도 있지만, 기독교의 하나님과 비교할 수 있을 정도로 인격을 갖고 세상과 관계를 맺지는 않지요. 하늘은 그 자신의 지고하고 합당하며 근본적인 원칙이며, 그에 어긋나는 것을 수정하면서 세상의 일을 주재(preside)합니다.

하늘이 의를 바라고 불의를 싫어한다는 것도 하늘을 형이상학적이고 도덕적인 원리로 두고 퇴행하는 혼란한 시대를 개탄하는 의미에 가까워요. 인간들의 고통을 두고 애간장이 끊어지는 기독교의 하나님과는 많이 다르지요. 물론 묵자도 하늘이 천하의 백성을 사랑한다고 하지만, 그것 역시 의와 불의에 따른 상벌이 명확하다는 게 근거입니다. 이로써 하늘의 뜻[天志]은 사람들이 따라야 할 행위의 법도, 즉 제재의 기준이 되지요. 전란이 일상이고 규칙은 무너지던 시기, 최고의 객관성을 갖는 도덕적 원칙을 설정하고 그에 따라 모두를 아우르는 사랑을 역설하려는 묵자의 시도는 아빠가 얘기한 아가페의 둘째 요소인 '대상에 좌우되지 않는 사랑', 셋째인 '죄를 용서하는 창조적인 사랑'과 분명한 차이가 있습니다.

사랑에 관한 묵자의 사상을 읽어 보면서 동시에 묵자의 겸애와 니그렌이 정리한 아가페를 비교해 보았는데, 아빠가 보시기엔 어떤가요? 니그렌의 그 광범위하고 장대한 아가페나, 천하 모두를 아우르는 묵자의 겸애나, 여하튼 사랑이라는 게 참 어렵다는 사실만 확인한 것 같네요. 더구나 우리가 그동안 타자와의 마주침에서 필연적으로 발생하는 폭력이나, 그 폭력을 독점하고 지배하는 국가를 이야기한 것을 두고 보면 사랑이 더더욱 터무니없는 얘기로 들리기도 해요. 저 또한 그렇게 냉소적으로 접근할 때가 많고요. 사랑을 공부하면서도 사랑을 인정할 수 없는 이런 모습을 겨냥해 묵자는 단호히 이야기합니다.

> 천하의 인사가 모두 '겸'을 듣고서 그르다고 하는 그 까닭
> 이 무엇이겠는가? 〔…〕 말하기를, "좋기는 좋다. 비록 그렇
> 더라도 어찌 실제로 쓰일 수 있겠는가?"라고 한다. 〔…〕 장
> 차 나가 싸우려 할 때 왕래할 수 있을지 아직 알지 못한다
> 고 가정하자. 〔…〕 집안 관리와 부모 받들기, 처자 부양을
> 부탁함에 있어 '겸'을 주장하는 친구가 좋을지 '별'을 주장
> 하는 친구가 좋을지 알지 못하겠는가? 내가 생각하건대 이
> 런 경우를 당하여서는 천하에 어리석은 남녀 할 것 없이 비
> 록 '겸'을 그르다 하는 사람일지라도 반드시 '겸'을 주장하
> 는 친구에게 의탁할 것이다. 이것은 말만은 '겸'을 그르다
> 하더라도 택하기는 바로 '겸'을 취하는 것이 된다. (228쪽)

할 말이 없게 만드는 한 방입니다. 모두를 아우르는 사랑
[兼]이 허망한 공상에 불과하다는 사람이 부지기수지만, 정작
그들도 위험에 처할 때는 '겸'을 말하는 사람을 찾게 된다는
거지요. 서로 사랑하는 이상적인 세계는 비웃으면서 타의 사
랑이 없으면 견딜 수 없는 인간의 본질적인 속성을 꿰뚫는 묵
자의 방어네요.

진리가 무엇인가요?

이렇게 사랑을 두고서도 아빠와 풍성한 이야기를 나눴네요. 사랑에 관해 읽고 생각하고 쓰고 이야기했지만, 사랑을 실천하고 사랑을 살아 내는 것은 전혀 다른 과제가 되겠죠? 하나님의 보편적 사랑을 받은 우리가 서로를 사랑하고, 또한 저를 더 특별히 배타적으로 사랑한다고 한 아빠에게 저도 모두를 아우르는 겸애를 실천해야 하지만, 아빠를 더욱 '별'나게 사랑하는 것은 어쩔 수 없다고 대답하고 싶어요.

벌써 다음 주제를 고를 시간이 되었네요. 이번엔 '진리'에 대해 이야기해 보고 싶어요. 벌써 숨이 턱 막히죠? 진리를 탐구한다는 학문을 붙들고 있는 아빠와 저이지만, 누군가 대뜸 "진리가 무엇인가요?"라고 묻는다면 즉답하기는 거의 불가능할 거예요. 공부를 한 걸음씩 해나갈수록 역설적으로 진리가 무엇인지 더 모르겠다는 많은 학자들의 말을 아주 조금은 이해할 수 있을 것도 같고요. 진리를 주제로 편지를 주고받는다고 그 불투명하기 짝이 없는 보물이 더 선명해지지는 않겠지만, 진리에 관한 토론은 결국 우리가 하는 모든 것의 기반이 되지 않을까 싶어요. '진리가 무엇인가'라는 이 지나치게 큰 질문을 아빠가 어떻게 소화할지, 저는 어떻게 뚫어 볼지 벌써 설레네요. 그럼 아빠가 평생 해오신 진리에 관한 고민을 어떻게 녹여 낼지 기대하면서 편지를 마무리할게요.

함께 읽고 싶은 책

묵적, 《묵자》, 길.

김희림, 《여하튼, 철학을 팝니다》, 자음과모음.

임건순, 《묵자, 공자를 딛고 일어선 천민 사상가》, 시대의창.

13. 진리는 '사랑'을 품는다

사도 요한의 문헌 읽기

묵자와 호빵맨을 연결한 글을 다시 읽으면서 많이 웃었다. 모두를 아우르는 사랑인 '겸애'의 사상가 묵자와, 자기 머리를 밥으로 내어 주는 호빵맨을 연결하다니! 묵자의 사랑과 기독교의 아가페가 표층적으로 흡사해 보여도 심층적으로 다른 점이 있다는 것도 잘 짚어 냈더구나. 겸애와 아가페의 다른 점을 놓치는 건 비교철학이나 종교다원주의의 대가들도 빠지기 쉬운 실수거든.

그리고 사랑에 이어 진리를 토론하자는 너의 제안은 탁월했다. 마하트마 간디의 비폭력운동의 철학적 기반이 되는 '사티아그라하'(Satyagraha)에서 사티아는 '진리'를, 그라하는 '파악한다, 붙잡는다'는 뜻이야. 묵자가 끝없는 폭력과 살상으로 지옥문이 열린 세상에서 사랑에 기반한 평화의 세상을 꿈꾸었다면, 그 사랑은 간디에게서 보듯이 진리여야 해. 암, 진리 없는 사랑이라면 감상에 그치고 말 거야.

그래서였겠지, 네가 식사 중에 말했지. 〈요한복음〉으로 진리를 풀어 보는게 어떠냐고. 그래, 맞아. 어떤 신약성경보다도 '사랑'에 관한 담론이 넘쳐나는 경전이자 고전인 〈요한복음〉은 진리에 관한 책이기도 하지. 사랑에서 진리로 대화의 주제가 넘어가지만, 그 진리는 반드시 사랑을 품어야 하지 않을까?

그런 점에서, 조금 이르긴 하지만, 다음 토론 주제를 '자유'로 하면 어떻겠니? 폭력적 세계 속에서 사랑에서 진리로 이어지는 우리의 대화는 자연스럽게 자유로 나아가야지 싶어. 오늘 아빠가 다룰 〈요한복음〉에서는 우리를 자유롭게 하는 것은 다름 아닌 진리라고 명토 박아 말하거든. 그러니까 진리는 자유로 이어지는 길을 열어젖히고, 자유는 진리라는 실체/알맹이를 필요로 하지. 괜찮겠지?

외면이었을까, 침묵이었을까

'진리'라는 단어로 성경 전체를 검색하면 압도적인 비중을 차지하는 본문이 〈요한복음〉이더구나. 사전과 저널을 검색했더니, '진리'의 명사형이 〈마태복음〉에는 딱 한 번, 〈마가복음〉과 〈누가복음〉에는 각각 3번 나오는 반면에 〈요한복음〉에는 무려 25번, 〈요한서신〉에는 20번이 나오더구나. 진리의 형용사형은 마태, 마가, 누가 복음에는 모두 한 번씩 나오는데 〈요한복음〉에는 22번, 〈요한서신〉에는 7번 나와. '요한문헌'이라고 하는 〈요한복음〉과 〈요한서신〉에서 진리의 명사와 형용사는 통틀어 74번 나오는 거지.

그런데 이 복음서에는 의문스러운 한 대목이 떡 하니 자리

잡고 있어. 바로 그 유명한 빌라도의 질문 말이야. 빌라도가 예수에게 물었어. 진리가 뭐냐고. 그가 왜 물었고 어떤 답을 기대했는지도 궁금하지만, 세인들은 예수가 답하지 않았다는 사실에 초점을 맞추곤 하지. 어떤 이는 빌라도의 그 질문을 마치 예수가 외면했다는 듯한 인상을 주는 글을 쓰기도 했지. 과연 그럴까? 그건 외면이었을까, 침묵이었을까?

아빠가 보기에 그건 당연히 '침묵'이야. 왜냐고? 우선, 질문자의 태도를 보면 빌라도가 답을 듣기 위해 물었던 것 같지는 않아. 예수께서 대답하기도 전에 그는 쌩하고 나가 버리거든. 키르케고르식으로 말하면, '이 진리를 알면 살고, 알지 못하면 살아도 산 것이 아닌 허깨비처럼 살 것이기에' 질문자는 답을 듣고자 하는 결연함을 가지게 되지. 그러니 빌라도는 그 질문을 절박하고도 절실하게 던진 게 아니었어.

그러니까 식민지이자 약소국의 한 특이한 청년이 진리를 가르친다고 하고, 심지어 그 자신을 진리와 동일시하는 게 황당무계했겠지. 아마도 빌라도는 이렇게 생각하지 않았을까. '네까짓 게 뭐라고 진리를 안다고 떠드는 거냐. 감히 네가 진리 그 자체라고? 진리가 뭔지 알기는 하고?'

다음으로는 세계관적 차이가 현격했기 때문이야. 비트겐슈타인이 그랬지, 사자가 말을 하더라도 대화는 되지 않을 것이라고. 왜냐하면, 서로 삶의 양식이 다르면 설사 외적으로는 동일한 언어를 사용한다손 치더라도 의사소통은 이루어지지 않는 법이거든. 예수와 빌라도 모두 진리라는 개념을 사용하지만, 히브리적 세계관에서의 역동적인 진리 개념과 로마적 세계관에서의 정태적 진리 이해는 동과 서처럼 서로 멀지.

그러니 말해 무엇 하겠니. 딴 세상, 다른 이야기를 하는 건데. 권력과 왕국에 관한 대화에서 조르조 아감벤이 말한 대로, 죽이는 자와 죽임을 당하는 자 사이의 메울 수 없는 거리감이 진리에 대한 논쟁에도 어김없이 나타났을 것이고. 그러니 아예 예수는 대답을 하지 않았고, 빌라도는 구태여 들을 마음이 없었던 거지.

그 밖에도 두 사람이 속한 삶의 자리의 차이도 있어. 〈요한복음〉에서 진리는 탈상황적이고 탈맥락적인, 보편적이고 추상적인 개념이 아니야. 그것은 항상 '장소'를 갖고 있어. 요한은 자주 진리를 '안에'라는 전치사와 결부시켜 말한단다. 대표적인 게 "무릇 진리에 속한 자는 내 음성을 듣느니라"(요 18:37)와 "이로써 우리가 진리에 속한 줄을 알고"(요일 3:19)라는 구절이야. 그러니까 '진리를 사는' 자, 즉 '진리 안에 거하는' 자가 진리 밖에서 건들거리고 거들먹거리며 '진리가 대관절 뭐란 말이오'라며 시니컬하게 묻는 자에게 구태여 대답할 리 없지. 당최 알아먹지 못할 거거든. 돼지에게 진주를 던지지 않는 법이니까.

이런 식으로 예수가 침묵한 이유를 갖다 대자면 끝도 없겠구나. '진리를 사는 자 vs. 진리를 묻는 자', '진리를 위해 죽을 수 있는 자 vs. 진리로 죽일 수 있는 자', '존재를 걸고 온몸으로 살아 내는 자 vs. 들어도 그만, 안 들어도 그만이거나 듣더라도 그리 살 의지도 없는 자' 사이의 대화가 어찌 이어질 수 있겠니. 그러니 예수께서 빌라도의 질문을 외면한 게 아니라, 빌라도가 예수를 외면한 것 아닐지.

'무엇'인가, '누구'인가

여기서 아빠가 보태고 싶은 해석이 하나 있어. 그것은 빌라도의 질문 자체가 잘못되었다는 거야. 모든 질문은 중요하고 용기가 필요하지만, 때로 잘못된 질문은 논점을 흐리거나 본질을

〈요한복음〉 사본 일부.

호도하거나 주제를 왜곡하기도 하지. 빌라도와 우리는 이렇게 물어야 해. "누가 진리인가?"(Who is the truth?), "무엇이 진리인가"(What is the truth?)라고 물을 게 아니란 거지.

이렇듯 질문을 다르게 함으로써 진리를 진리로 깨닫자는 것은 진리와 그리스도가 하나이기 때문이야. 이 점에 대해서 도스토옙스키가 기독교의 관점을 가장 탁월하게 주장했지 싶다. 그는 '그리스도와 진리가 일치한다는 것을 믿는다. 그러나 누군가 진리가 그리스도와 무관하게 존재한다고 증명한다고 해도, 나는 그리스도 밖의 진리보다는 진리 없는 그리스도를 택하겠다'라고 했어.

언뜻 진리와 그리스도가 대립적으로 보이지만, 도스토옙스키가 말한 진리의 의미와, 왜 그가 '그리스도 밖의 진리보다 진리 없는 그리스도'를 택한다고 했는가를 따져 봐야겠지. 위대하다는 말이 딱 어울리는 이 작가에게 진리란 유클리드적 진리, 곧 수학적이고 객관적인 진리야. 다시 말하면 내 영혼과 온 존재가 죽기도 하고 살기도 하는 그런 생명력이 충일한 진리가 아닌 게지.

여기서 더 주목하려는 것은 왜 그리스도를 선택하느냐 하는 건데, 아빠가 생각하기에는 진리의 인격성 때문이라고 봐. 진리란 한 인격, 한 사람인 거야. 진리가 있고 사람이 없다면, 곧 인격이 없다면, 그 진리는 사람을 죽이는 진리가 되고 말 거야. 그러나 그리스도를 선택한다는 것은, 십자가와 부활의 예수를 믿는 신앙적 차원과 함께 무릇 진리란 사람을 위한 진리라는 거지. 사람이 진리를 위해 있지 않고 진리가 사람을 위해 있단다.

이것은 지독한 그리스도중심주의이지만, 역설적으로 도저(到底)한 인간중심주의이기도 해. 그렇기에 너는 지난 편지에서 인간을 사랑한다는 것에 관해 이야기하면서 다음 대화의 주제로 '진리'를 제안한 거겠지. 아빠 생각에는 그것이 어떠한 진리이든지 간에 사람을 사랑하는 진리여야 하지 않을까 싶다. 그렇기에 도스토옙스키는 궁극적으로 그리스도만이 진리라고 말하고 싶었던 거고, 그것은 곧 진리란 사람을 사랑하고 생명을 살리는 것이어야 한다는 의미였을 거야.

인격이 없는 진리

다시 〈요한복음〉으로 돌아가자꾸나. 앞에서 '진리의 장소'를 말한 바 있는데, 그 장소란 다름 아닌 예수 안에, 그분의 얼굴 속에 현존하고 현현하지. 예수에게 은혜와 진리가 충만했으니까(요 1:14). 그러니 진리와 예수는 불가분이야. 만약 둘을 잘라 내고 분리하는 일이 가능하다면, 그건 애당초 진리가 아니야. 아니면 죽은 진리지. 예수와 동떨어진 진리는 집이 없는 진리요, 길을 잃은 진리야. 예수라는 한 존재, 한 인격, 한 타자의 얼굴 속에만 진리가 살아 있어.

인격이 없는 진리가 인격을 말살하고, 얼굴이 없는 진리가
얼굴 없는 약자를 간단히 소거하는 일이 생긴 것은 몇몇 철학
자들의 주장과 같이 근대적 현상만은 아니야. 근대 이전의 고
대와 그 이전부터 늘 있던 일이야. 얼굴을 지우고 균질화한 인
간을 말한다면 그것은 필시 진리가 아닐 것이며, 그런데도 끝
내 진리라고 우긴다면 그것은 인간을 죽이고 만다는 것을 성경
은 이미 알고 있었던 거지.

진리와 인격을 단단히 붙들어 매는 유력한 구절을 하나 더
말해 볼게. 바로 '말씀이 육신이 되었다'는 선언(요 1:14)이야.
여기서 육신은 '사르크스'(σαρξ)인데, 인간의 신체에 대한 부정
적 의미를 지니는 말이지. 살덩어리(flesh) 같은 단어 말이야. 요
한은 어쩌면 의도적으로 저 단어를 골랐을 거야. 고상한 몸이
나 신체가 아니고, 그보다 조금 낮춘 의미인 육체도 아닌, 천박
하고 천하기 이를 데 없는 '육욕'으로서의 살덩어리를 말하는
거니까. 하나님이 살덩어리가 되셨다니! 이로써 우리는, 진리
는 몸으로 육화되어야 하고 삶으로 체화/구현되어야 하는 것
임을 알게 되지.

기적인가, 표적인가

희림아, 진리란 인격적이고 인간적임을 역설한 것이 대체 〈요한복음〉의 진리관과 무슨 연관이 있는 걸까? 그것은 〈요한복음〉의 전반부와 직결되어 있어. 대개 연구자들은 〈요한복음〉 전반부를 '표적의 책'이라고 해. 후반부는 '영광의 책'이라고 하고. 공관복음서에서는 '기적'(δυναμις, dunamis)이라고 했는데, 왜 요한은 '표적'(σεμεια, semcia)이라고 했을까? 초월직 하나님 나라가 자연 세계 한복판으로 치고 들어온다는 점에서 '기적'이면서, 이를 통해 예수가 누구인지 어떤 사람인지를 알 수 있다는 점에서 '표적'인 거야.

그러니까 표적 자체가 중요한 건 아니야. 표적은 교통 표지판처럼 무엇인가를 가리키는 것이지. 내비게이션처럼 길을 안내하는 기능이 있을 뿐 길을 걷게 하지는 못해. 그러나 표지판이나 내비게이션이 없다면, 길을 제대로 찾아가기 어렵겠지. 그렇듯이 표적 없이는 예수를 알 수도 믿을 수도 없어. 그래서 요한은 이 표적을 기록한 이유를 예수를 믿게 하려 하는 것이라고 하지(요 20:31). 물론 표적에만 머물러 있어서는 안 돼. 이정표나 표지판을 해독했다고, 최상의 내비게이션을 장착했다고, 운전을 잘하는 것은 아니듯 말이야.

요한이 표적을 선별한 기준은 '생명과 자유'라고 생각해. 7가지 표적 중 대표적으로 오병이어를 생각해 보자. 기록된 분

량이 독특한데, 사건 기술(6:1-15) 분량은 전체 15절인데 의미
에 대한 설명과 해석(6:16-71)은 무려 56절, 약 4배야. 그러니까
5천 명을 먹인 사건 이상으로 '의미'가 중요해. 그것은 곧 예수
가 육체의 일시적 생존을 위한 밥도 주시는 분이지만, 궁극적
으로는 인간의 생명 자체 곧 영혼을 영구적으로 살리는 생명의
밥이라는 거지. 표적은 그저 예수가 누구인지를 말해 주기 위
한 표지판이라는 얘기야.

다시 말하면, 〈요한복음〉에서는 '무엇'의 세계 너머, 혹은
그 너머에 있는 '누구'의 존재가 더 중요하단다. 도스토옙스키
식으로 말하자면, 예수 없는 표적과 표적 없는 예수 사이에서
우리는 어느 쪽을 선택해야 할까? 요한은 표적의 한계 너머, 표
적을 행한 예수께 집중하고 있으니 취사선택의 고민은 불필요
하겠구나.

〈요한복음〉은 'what'의 영역에 속한 표적을 사실의 세계로
축소시키지 않고, 'who'의 영역으로, 가치와 의미의 세계로 확
장하고 있어. 〈요한복음〉이 말하는 진리란 사람이 없는 차갑고
앙상한 사실의 세계가 아니라 사람 사는 따뜻하고 풍성한 생명
의 세상인 게지. 진리란 앎이기도 하지만, 궁극적으로 삶이자
살림이어야 하거든. 하여, 〈요한복음〉에서 최고의 표적은 예수
의 십자가와 부활이야. 〈요한복음〉의 마지막 표적도 죽은 나사
로가 되살아나는 사건이지.

진리가 인격적이고 인간적일 때, 사람을 중심에 놓을 때,

그것이 비로소 진리인 거지. 아빠는 도스토옙스키를 따를 생각이야. 왜냐하면 예수에게게만이 인간의 얼굴이 있는 진리가 있으니까. 예수 없는 진리는 곧 사람 없는 진리니까. 사람이 없으니 계산과 산수만 난무하고, 결국 사람을 숫자로 일괄 치환하는 '예루살렘의 아이히만'으로 가득한 세상이 되고 말 거야. 이름 없이 그저 숫자로 기록되는 세계는 기독교와는 거리가 먼 세계야. 기독교는 이름과 얼굴을 기억하는 세상을 바라고 또 바라기 때문이지.

팩트 vs. 내러티브

진리를 'what'보다는 'who'에 초점을 맞추는 기독교와 〈요한복음〉의 주장을 조금 더 밀고 나가 볼게. 지금도 만연한 논쟁, 즉 진리를 사실(fact)로 환원하려는 끈질기고 완강한 입장을 〈요한일서〉의 '하나님은 사랑이다'(요일 4:8, 16)는 유명한 명제로 설명해 볼게. '하나님 = 사랑'이라는 공식의 진리값은 뭘까? 그 근거는 무엇일까? 저 명제는 어떤 방식으로 정당화되는 걸까?

지난 세기 철학자들은 기독교의 진리 주장을 정당화하려면 그 진술의 진위 여부를 검증할 수 있어야 한다고 굳게 믿었어. 20세기 초반은 논리실증주의, 2차 대전 이후로는 반증주의가 대세를 이루었지. 실증주의는 사실에 하나라도 부합하지 않는 주장은 과학의 지위를 가질 수 없고, 반증주의는 어느 한둘이 틀렸다고 하더라도 그런 반박의 여지와 가능성을 애초부터 품고 있는 것이 과학이라는 생각이야.

둘의 차이점은 보기에 따라 클 수도 있고 작을 수도 있어. 둘의 일치점은 어떤 학문이 과학이고자 한다면 외부의 사실과 일치하는지가 판정 기준이라는 거야. 그렇기에 실증주의자들의 검증 원리에 의하면 종교는 그야말로 난센스, 헛소리에 지나지 않는 거지. 반증주의를 따르면, 종교는 처음부터 실수나 오류, 반박의 틈이 절대 없는, 그 어떤 방식으로든 자신을 합리화한다는 점에서 맹목이고 미신일 뿐이라는 거고.

대표적인 경우가 앤터니 플루야. 감리교 목사의 아들로 태어난 그는 오로지 진리란 사실에 입각한 것이어야 한다는 신념으로 기독교 신앙을 하나하나 검토했는데, 그가 내린 결론은 무신론을 추정하는 것이 더 합리적이라는 것이었지. 그러다가 말년에 유신론자로 돌아선 것은 그야말로 일대 사건이었어. 무신론자의 대부격인 그의 변신이 변심으로 받아들여진 거지. 유신론자들에게는 적대적이었던 철학자의 변신이 회심으로, 기독교 신앙의 승리로 받아들여졌고.

무신론자 시절 그의 주장을 한마디로 말하면, 기독교는 어떤 반박 사례를 갖고 와도 자신의 입장을 수정하거나 잘못을 결단코 인정하지 않는다는 거지. 그가 얘기한 비유를 들어 이야기하면 이래. 두 명의 탐험가가 밀림 한가운데에서 정원이 잘 가꾸어진 집을 발견하지. 종교의 입장을 대변하는 한 사람은 몇 가지 가설을 통해서 그 정원을 가꾼 정원지기가 존재한다고 주장해. 예컨대 눈에 안 보이는 정원사, 전기가 흐르는 가시철조망과 맹견의 후각에도 포착되지 않는 정원사가 있다는 식으로 정원사의 존재를 설명하려고 해. 그렇지만 어떤 것도 증명할 수는 없었어. 그런 정원사는 차라리 없다고 말하는 게 낫다는 거지. 그는 이런 말을 남겼지. "무슨 일이 일어나야 당신은 신의 사랑이나 존재가 반증되었다고 보겠는가?" 그러기에 플루는 무신론을 추정하는 것이 합리적이라는 강력한 주장을 펼친 거야.

예전에 박사 과정 세미나에서 그의 글을 읽는데, 머리가 터질 것 같더라. 그의 논리적 엄밀성과 꼼꼼함을 반박하기가 어려웠지. 물론 신의 존재와 종교 체험을 경험적으로 관찰 가능한 사물과 동일한 선상에 놓을 수 있느냐는 근본 문제를 따져 봐야겠지. 그랬기에 비트겐슈타인은 명확하고도 분명하게 말할 수 없는 것에 대해서는 말하지 말고 침묵을 지키라고 했던 거야.

말할 수 없기에 엉터리가 아니라, 사실과의 일치 여부로 판정할 수 없는 다른 차원의 것이기에 다른 방식으로 말하라는 것이지. 실제로 플루의 주장에 대한 반박은, 종교적 진리는 사실적 진리와 달라서 그런 방식으로 입증되거나 반박될 수 없다는 거였지.

그런데 아빠는 '하나님은 사랑이다'라는 진술은 참과 거짓을 입증할 기준을 언어의 내부에서 찾아야 한다고 주장해. 다시 말해, 언어의 외부, 곧 객관적 사실로 판단하고자 하고 객관의 영역에서 논전을 벌이면 '팩트 프레임'에 갇힌다고 봐. 그 결과는 기울어진 운동장에서 경기를 벌이는 꼴이 되고 말 테고. 검증주의자와 반증주의, 또는 객관적 사실에 입각한 진리 주장을 하는 이들과 달리 〈요한복음〉과 〈요한일서〉는 좀 다른 방식으로 진리성을 말하지. 그건 바로 '이야기'(narrative)야.

사랑의 사도가 말한 기독교 신앙의 저 고갱이는 가깝게는 〈요한일서〉라는 맥락 안에, 멀게는 복음서에 나타난 예수의 십자가와 부활의 맥락 안에, 아주 멀게는 〈창세기〉로부터 이어지는 하나님의 구원 이야기의 맥락 안에 자리하고 있어. 그렇다면, 저 진술이 진리인지 규명하는 기준은 맥락 안에 있는 거지.

철학적으로 한 단어의 의미는 그것이 가리키는 단어 밖 외부에 있는 것이 아니라 그 단어가 사용되는 쓰임(usage)과 문맥(context)에 있지. '예수 그리스도'가 찬양받을 이름이기도 하지만, 사용되는 쓰임새에 따라 욕설이기도 하잖니. 하나님을 사랑하는 말이 흠숭(欽崇)의 찬양이기도 하지만, 비아냥거림과 조롱으로도 사용되지.

신학적으로 보자면, 저 고백의 진위는 외부의 객관적 사실이 아니라, 그것이 내포하는 이야기에 있단다. 요한이 '하나님은 사랑이다'라고 했을 때, 저변에 흐르는 이야기가 하나 있어. 하나님이 우리를 사랑하셔서 자기 아들을 보내시고, 그 아들이 십자가에서 죽으시고 부활하신 이야기 말이야. 우리는 십자가를 통해서 우리를 향한 하나님의 사랑을 알고, 하나님의 사랑이란 자기 자신을 몸소 희생해서 죄인 된 우리를 구원하는 자기희생적 사랑임을 확신하게 되지. 그 이야기 없이 '하나님은 사랑'이라는 명제는 성립이 쉽지 않을뿐더러 언제나 논박되기 쉬운, 깨어지기 쉬운 허술한 주장일 수밖에 없지.

이야기는 그것으로 끝나지 않아. 하나님이 사랑이라는 고백은 예수의 십자가를 전제해야 하지만, 다른 한편으로 그 이야기를 나의 이야기로 살아 내는 신자의 십자가로 표현되어야 해. 니그렌이 말했던 아가페가, 나와 제자 공동체 안에서 실천되고 실현되는 바로 그것이 저 신앙고백의 진위를 판별하는 가늠자인 거지. 그랬기에 스탠리 하우어워스는 진리(Truth)는 진실함(truthful) 또는 신실한 삶을 요구한다고 했던 거야. 따라서 기독교는, 진리는, 예수의 이야기를 말하고 살아 내는 것이야.

아빠에게 아직 할 말이 남아 있어. 하나는 진리는 사람(who)이기에 증인(witness)을 필요로 한다는 것, 그리고 진리는 인격적이기에 비강제적이고 비폭력적이라는 것. 진리가 다름 아닌 지상에서 짧고도 불꽃같은 삶을 사신 예수 그리스도에 관한 것이라면, 그분이 진리라면, 그를 따르는 제자 공동체와 제자들의 삶 이야기가 진리를 구성하는 필수적인 요소인 게지. 여기서 증인이라 함은 가감하지 않고 본 대로 말하는 목격자일뿐 저 스스로 강압적인 주장을 펼치지 않아. 그러기에 기독교

의 진리 주장은 평화주의적일 수밖에. 이 둘은 다음에 다른 곳
에서 말할 기회가 있을지 모르겠다만, 넘어가기에는 아쉬워서
이렇게나마 적어 놓으려고 해.

문득 너와 동생이 어릴 적에 내가 호떡을 구워 주던 추억이
생각나는구나. 할 줄 아는 요리가 딱히 없던 아빠를, 호떡 장사
하는 분보다 더 잘 만든다고 추켜세워 줬잖니. 마침 방학이 되
어 동생도 집에 와 있으니, 아빠의 필살기를 선보일까 해. 우리
다 같이 추억의 호떡이나 묵자.

함께 읽고 싶은 책

신약성서, 특히 〈사복음서〉와 〈요한서신〉.
앤터니 플루, 《존재하는 신》, 청림출판.

14. 진리는 '대화'를 품는다

힐러리 퍼트남의 《이성, 진리, 역사》 읽기

〈요한복음〉의 진리관을 다룬 편지 재미있게 잘 읽었습니다. 신학과 철학 고전들을 통해 이야기를 나누는 편지이니, 저는 아빠가 성경 본문을 꼭 다뤘으면 좋겠다고 생각했거든요. 성경 자체가 갖는 고전적 의미를 아빠의 글을 통해서 엿보고 싶기도 했고, 체계적이고 조직적인 신학서를 아무리 많이 읽어봐야 성경 본문을 붙잡고 씨름하는 것만 못하다고 느꼈기 때문이에요. 아빠는 벌써 구약에서는 〈하박국〉을, 신약에서는 〈요한복음〉을 분석했네요. 신학의 눈으로 본 성경이 아닌 성경의 눈으로 본 신학까지 다루어져서 대화가 더더욱 탄탄하고 풍성해진 느낌입니다.

진리에 대한 물음은 무엇(what)이 아닌 누구(who)에 대한 것이라는 아빠의 〈요한복음〉 해설은 철학하는 제게 근본적으로 충격을 주는 해석이었어요. 그리스 철학과 서구 존재론의 근본이 되는 질문은 '티 에스티'(τί ἐστι)예요. '티'는 'what', '에스티'는 'is'로 옮길 수 있지요. 흥미롭게도 이 질문에는 목적어가 없어요. 존재론은 개별 사물들의 정체를 밝혀내는 것이 아니라 존재하는 것들의 존재함이 무엇인지를 다루는 것이기 때문이니까요. 쉽게 말하자면 'be 동사'가 무슨 뜻인지 밝혀내는 것이 존재론이라고 할 수 있겠네요.

아빠의 편지에 적힌 대로 〈요한복음〉의 예수도 빌라도에게 이 질문을 받았고, 예수는 침묵으로 답합니다. 아빠의 해석처럼 "예수와 빌라도 모두 진리라는 개념을 사용하지만, 히브리적 세계관에서의 역동적인 진리 개념과 로마적 세계관에서의 정태적 진리 이해"는 극명하게 다르니까요. 진리 안에서 진리에 속하여 진리를 살아 내는 '예수의 진리'와 '티 에스티'라는 질문이 탐구하는 불변의 고정된 진리는 양립 불가능해 보입니다. 물론 이후 극명하게 다른 두 세계관이 한데 어우러져 '서양'이라는 세계를 구축하지만, 오늘은 그런 사상사적인 이야기는 제쳐 두고 진리 이야기로 다시 돌아갈게요.

실재론과 반실재론

오늘 제가 진리를 이야기하면서 다룰 철학자가 누군지 궁금하시죠? 글을 쓸 때마다 적절한 책과 학자를 고르기가 쉽지 않지만, 이번은 특히 까다로웠어요. 모든 철학자는 모든 주제에 다 관심을 두지만, 그 중심에는 언제나 진리의 문제가 있지요. 저는 오늘 그중에서도 힐러리 퍼트남(Hilary Whitehall Putnam)의 《이성, 진리, 역사》를 골랐어요. 1926년 미국에서 태어나 2016년에 작고한 퍼트남은 현대 영미 분석철학의 태동부터 최신까지의 발전을 몸소 살아 낸 철학자로 평가됩니다. 철학을 살아 냈다는 말이 그가 철학을 사회적·정치적으로 풀어냈다는 뜻은 아니에요. 오히려 철학적인 입장을 평생에 걸쳐 계속 바꿨다는 뜻이지요.

하도 입장을 바꾸다 보니 퍼트남에게는 '흔들리는 철학자'라는 달갑지 않은 별명이 붙기도 했어요. 그는 오히려 흔들려도 넘어지지 않는다는 이미지를 내세웠지만요. 퍼트남을 통해 그가 흡수하고 비판했던 견해들을 분석하면 진리에 대한 실마리를 잡을 수 있지 않을까요? 누군가는 변덕스럽다고, 누군가는 유연하다고 평가할 퍼트남의 철학적 입장을 들여다보고 싶은 이유가 바로 여기에 있어요. 그러면 이제 퍼트남이 진리에 대해 어떤 고민을 했는지 보도록 해요.

그런데 지난 편지에서 아빠가 얘기하신 대로, 빌라도와 예수의 대화를 통해 진리가 정태적이라고 파악하는 세계관과 동태적이라고 인식하는 세계관의 충돌을 보았잖아요? 이 충돌은 2,000년이 지나도 여전히 이어져 왔어요. 이렇게 두 세계관으로 나누는 것을 가리켜 퍼트남은 '객관주의와 상대주의의 이분법'이라고 표현합니다. '객관주의'는 우리의 생각이나 감정, 관점과 무관하게 독립적으로 존재하는 하나의 객관적인 실재가 있고 그 실재에 근거해 어떤 명제의 참과 거짓을 구분할 수 있다는 주장이에요. 반면 '상대주의'는 우리 마음이 세계를 구성할 수 있고, 그러므로 세계를 해석하는 여러 가지 방법이 존재할 수 있다고 이야기해요.

인간 바깥에 무언가가 존재한다면, 그 존재는 인간과 무관하게 존재할까요, 아니면 인간에 의존적으로 존재할까요? 인간의 관점에 따라 흔들리지 않는 견고한 세계가 존재할까요, 아니면 인간의 관점에 따라 세계는 얼마든지 달라질 수 있을까요? 이 주제를 과학철학에서는 '실재론 논쟁'이라고 합니다. 객관주의를 옹호하는 사람을 실재론자, 상대주의에 기운 사람을 반실재론자라고 부를 수 있겠죠. 어때요, 아빠? 아빠는 어느 쪽에 더 가깝다고 생각하세요? 둘 중 하나를 선뜻 고르기가 쉽지 않으실 거 같아요. 그리스도라는 분명한 진리가 있다는 것을 부정할 수 없으면서도 동시에 그 진리가 고정적이지 않고 각자의 삶 속에서 그리스도를 살아 내는 것으로 나타나니까 말이에요. 칼같이 실재론과 반실재론으로 나누기는 어려울 듯해요.

내재적 실재론

바로 이러한 점을 퍼트남은 파고듭니다. 두 가지 관점 모두 취약한 점이 있다는 것이지요. 우선 퍼트남은 실재론을 구체적으로 '형이상학적 실재론'이라고 규정하고 비판합니다.

형이상학적 실재론의 관점에 의하면 세계는 인간의 마음

으로부터 독립되어 있는 일정하게 고정된 양의 대상들로 구성되어 있다. 따라서 세계에 대한 참되고 완벽한 기술은 오직 하나뿐[…]이다. 나는 이러한 관점을 외적(external) 관점이라 부르겠다. 왜 외적인가 하면 그것은 바로 유일한 신의 눈에 비친 관점과 같기 때문이다. (95-96쪽)

세상에 유일하고 객관적인 진리가 있고 그것을 발견해야 한다는 형이상학적 실재론은 마치 자기가 전지전능한 신의 눈을 가졌다는 듯이 행동한다는 말입니다. 퍼트남은 한 인터뷰에서 그러한 학문적 태도를 '천사 같다'(angelic)고 비꼬기도 하지요. 중세에 아퀴나스 등의 신학자들이 천사는 물질에 얽매이지 않으나 물질을 관찰할 수 있다고 규정한 것에 빗대서 말이에요. 이어서 퍼트남은 자신이 주장하려는 바를 외적 관점에 대비되는 내적 관점이라 명하면서 중요한 기준을 설정합니다.

(내가 옹호하고자 하는 관점을) 내적(internal) 관점이라고 부르겠는데 그 이유는 어떤 대상들로 세계는 구성되어 있는가 하는 물음이 오직 어떤 이론 내에서만 의미 있는 물음이 될 수 있다는 주장이 이 관점의 특징이기 때문이다. […] '내적' 관점을 취하는 철학자들은 한 개 이상의 세계에 대한 '참된' 이론 또는 기술이 있다고 주장한다. 이 관점에 의하면 '진리'라는 것은 일종의 (이상화된) 합리적 수용 가능성(rational acceptability)이다. 즉 진리라는 것은 마음에서 독립되어 있는 '사태'들과의 대응 관계에 있는 것이 아니라 믿음 상호 간에 또는 믿음과 믿음 체계 속에 구현된 경험 간에 성립되는 일종의 이상적 정합성(ideal coherence)에 있다는 것이다. 신적 관점과 같은 유일의 관점이란 있을 수 없으며 오직 다양한 관심과 목적을 가지고 세계를 기술하고 이론을 창출해 내는 실지 인간들의 여러 관점이 있을 뿐이다. (96쪽)

조금 어렵게 쓰여 있기는 하지만, 퍼트남이 주장하려는 '내재적 실재론'(internal realism)이 무엇인지는 읽어 낼 수 있을 거 같아요. 인간과 무관하게 세계가 만들어져 있고 그 고정된 질서를 어떤 인간이 파악한다는 형이상학적 실재론에 반대하여, 그는 진리란 어떤 믿음의 체계, 곧 이론 안에서 성립한다고 이야기합니다. A라는 이론이 A라는 방식으로 세계를 기술한다면 A라는 진리가 있고, B, C, D라는 이론들에도 각각 그 이론이 구축한 세계관적 진리가 있다는 것이지요.

위 인용문에서 한 대목만 더 살펴본다면 퍼트남의 진리관을 좀 더 엿볼 수 있을 거 같아요. "합리적 수용 가능성"이라는 말인데요. 무언가가 내재적으로 진리인지 아닌지 판단하는 기준으로 제시된 것이 이 합리적 수용 가능성입니다. 그런데 그 무언가가 얼마나 정합적이냐에 따라서 합리적으로 수용할 수 있는지 아닌지 여부가 갈리는 것이지요. 어떤 믿음이 어떤 체계에 정합적이라는 것은 우선 그 믿음이 그 체계 내의 다른 믿음들과 모순되지 않는다는 것이고, 또한 그 믿음이 다른 믿음들과 함께 견고한 논리적 구조를 갖췄다는 뜻이겠지요. 한마디로 어떤 체계 내에서 조화를 이룰 수 있느냐 아니냐가 기준인 거지요.

상대주의의 모순성

아빠의 지난 편지를 예로 들어 볼까요? 아빠는 〈요한복음〉을 읽으면서 '예수가 진리다'라는 명제를 밝혀냈지요. 만약 퍼트남에게 '예수가 진리다'라는 말이 진리인지 아닌지 묻는다면 퍼트남은 고개를 갸웃거리면서 '그 말이 어떤 이론에 속하는지에 따라 다를 것'이라고 대답할 것 같아요. 조직신학과 같은 이론에서는 '예수가 진리다'라는 말이 이론 내의 다른 명제들과 충돌하지 않고 조화를 이루니 그곳에서는 참인 명제입니다. 그런데 만약 '예수가 진리다'라는 말을 고생물학이나 유체역학 이론에 넣었다고 생각해 보세요. 상상만 해도 뭔가 우습고 어색하잖아요? 이처럼 퍼트남의 '내재적 진리'란 한 체계 내의 다른 진리들과 충돌하지 않는 진리를 말합니다. 바로 그때 그 진리가 '실재'하는 거지요.

여기까지 보자면 퍼트남이 상대주의자라고 볼 수도 있지요. 내재적 실재론은 아무 말이나 해도 대충 적당히 엮으면 진리가 되는 것이라고 오독하기 쉬운 이야기예요. 그렇지만 퍼트남은 상대주의도 달갑게 인정하지는 않습니다. 고정된 불변의 진리가 없다는 상대주의는 그가 활동했던 20세기 후반에 더욱 꽃을 피웠는데, 퍼트남은 내재적 실재론을 '무엇이든 옳다(anything goes)라는 피상적인 상대론'과 구분하면서 분명히 선을 긋거든요. 무엇이든 상대적인 상대주의 입장에서는 상대주의 자신마저 상대화되지요. 이를 두고 퍼트남은 상대주의의 입장 자체가 모순적(inconsistent)이라고 비판합니다. 아무 이야기나 진리가 될 수 있는 것이 아니라, 그 이야기를 받아들이고 해석할 때 병행되는 다른 명제들과 조화를 이루고 정합적인지를 따져야 하니까요.

앞서 퍼트남이 '객관주의와 상대주의의 이분법'을 깨려 했다는 것은 이런 흐름에서였어요. 진리는 고정된 것도, 변덕스러운 것도 아닌 체계적인 것이지요. 내재적 실재론을 자세히 서술하는 이 책 제목이《이성, 진리, 역사》인 것도 이러한 이유예요. 이성과 진리의 초역사성만 강조하여 진리를 고정적으로만 보는 것도, 이성과 진리의 역사성만 강조해서 진리를 너무 유동적으로 파악하는 것도 적절치 못하다는 게 내재적 실재론의 요지니까요.

〈요한복음〉의 예수를 통해 아빠는 무엇이 진리인가(What is the truth?)라는 질문을 누가 진리인가(Who is the truth?)라고 전회했지요. 예수가 갖는 진리의 인격성과 서사성을 통해서 말이에요. 그러면서 팩트보다 내러티브적인 의미에서 진리를 말하려고 했고요. 저뿐 아니라 퍼트남이 이 부분을 읽었다면 아마 흥미로워했을 거예요. 《사실과 가치의 이분법을 넘어서》라는 책을 쓰기도 한 그라면, 진리는 서사 그리고 가치와 서로 뗄 수 없다는 데 동의할 테니까요.

편지 후반부에 아빠는 20세기의 논리실증주의와 반증주의를 설명하면서, 과학의 요건이 외부의 사실과 일치하는가에 달려 있다는 점을 지적하고 그러한 실증주의를 비판했지요. 신기하게도 이 부분은 퍼트남이 내재적 실재론을 통해 겨냥하고자 했던 지점과 정확하게 일치합니다. 종교 체험 등에 대해서 "말할 수 없기에 엉터리가 아니라, 사실과의 일치 여부로 판정할 수 없는 다른 차원의 것이기에 다른 방식으로 말"해야 한다는 아빠의 주장을 은근슬쩍 퍼트남의 글에 끼워 넣어도 아무도 모를 정도예요. 아빠의 신학적 세계관이 폭력을 생산하는 뻣뻣한 진리를 거부하고 풍부한 대화를 통해 진리를 보급하는 평화주의적 관점이기에 퍼트남의 철학과 맥이 닿는 부분이 있으리라 짐작했는데, 아빠가 보기에는 어떤가요?

합리적 수용은 합리적인가?

'누가 진리인가'라는 〈요한복음〉의 외침에 퍼트남은 '어떻게 진리인가'(How is it true?)라고 대답할 거라고 생각합니다. 어떤 주장이나 믿음이 어떻게 다른 주장, 다른 믿음과 맞아떨어지는지(fit)가 그에게는 중요하니까요. 그렇지만 저는 퍼트넘의 주장을 모두 인정하기에는 망설여지는 부분이 많아요. 우선 이 '합리적 수용 가능성'이 과연 합리적으로 수용할 만한 것일까요? 조직신학과 유체역학에서 서로 다른 합리적 수용 가능성을 가지고 있다는 것은 그 자체로 문제가 되지 않을 수 있지요.

그런데 우리 삶에서 이렇게 상대의 기준을 마냥 존중할 수는 없지 않을까요. 여당과 야당, 지배자와 피지배지, 제국과 식민지는 모두 서로 다른 합리적 수용 가능성을 갖고 있잖아요? 한 명제가 한 집단에서는 정합적이지만 다른 한 집단에서는 죽어도 받아들일 수 없을 때 생겨나는 비극에 대해 퍼트넘은 아쉽게도 말을 아낍니다.

나아가 저는 퍼트넘의 이런 사고방식을 '아메리칸 드림'이라고 신랄하게 비판하고 싶은 생각도 듭니다. '누구든지 와서 꿈과 생각을 펼쳐 보아라, 그러나 네 의견을 표출하는 자유가 있을 뿐 네 의견을 받아들일 책임은 아무에게도 없다는 것을 잊지 말라'라는 미국적 환상 말이에요. 더 나아가 '합리적이면 수용한다'는 명제를 대우하면 '수용하지 않은 것은 합리적이지 않다'는 명제가 도출되잖아요. 약자의 발언권을 무한히 존중하는 듯 보이지만 충분한 시민적 동의를 이끌어 내지 못하면 정치적으로 무의미해지는 현대 민주주의의 결정적인 한계를 보여 주기도 합니다.

아빠와 편지를 주고받으며 전혀 상관없어 보이는 신학과 철학의 고전들이 한데 어우러지는 것을 많이 봤지만, 이번 '진리'를 주제로 나눈 대화는 정말 독보적으로 특이하다는 생각이 들어요. 〈요한복음〉과 퍼트남이라니. 이 둘을 매개로 대화를 나눈 사람들이 얼마나 있을지, 그중에서 아빠와 아들이 대화를 나눈 것은 얼마나 될지 문득 궁금합니다. 이렇게 색다른 고전들이 우리 부자의 글을 통해서 정합적으로 부딪히면서 어우러지는 모습을 보면 합리적 수용 가능성이라는 게 또 그럴듯해 보이기도 하네요.

그럼 아빠, 다음 편지에서는 미리 말했던 것처럼 '자유'를 주제로 떠들어 봐요. 우리를 자유롭게 하는 것은 진리라는 〈요한복음〉의 주장을 더 들어 보고 싶은 마음도 있지만, 또 한편으로 자유에 대한 신학 고전으로 아빠가 어떤 책을 고를지도 기대가 되네요. 과연 진리가 우리를 자유롭게 할지, 아니면 우리를 자유롭게 하는 것이 진리인지 함께 이야기를 펼쳐 보아요.

함께 읽고 싶은 책

힐러리 퍼트남, 《이성, 진리, 역사》, 민음사.
힐러리 퍼트남, 《사실과 가치의 이분법을 넘어서》, 서광사.

15. 신체의 한계 안에서의 자유

마르틴 루터의 〈노예 의지에 관하여〉 읽기

아들아, 코로나19 사태로 온 세상이 마치 가라앉는 듯, 사
라지는 듯한 시련의 시기를 보내고 있구나. 퍼트남의《이성, 진
리, 역사》를 지금 네 나이 즈음에 펼쳤다가 관두었는데, 그때 네
글을 봤다면 읽기가 훨씬 수월했겠다 싶더구나.

무엇보다 '합리적 수용 가능성'이 함축하는 모순, 즉 수용
되지 않은 것은 합리적이지 않다는 너의 주장에 십분 동의한다.
권력과 폭력, 재력에 의한 위계질서를 상정하지 않는 진리 이해
는 현실 체제를 당연히 주어진 것으로 받아들이는 우를 범하고
말아. 합리적으로 각각의 의견이 고루 반영된 결정이라 하더라
도, 이미 그 이면에 강자, 시쳇말로 말빨 좋은 자들의 입, 주먹
깨나 쓰는 자들의 힘, 가진 사람들의 돈의 위력이 위세를 떨쳤
다는 것을 전혀 고려하지 않거든.

로테르담의 에라스무스가 그런 사람이었다. 마르틴 루터와
의 자유의지 논쟁에서 그가 신학의 정치성이랄까, 사회적 맥락을
도외시하는 인상을 지울 수 없다. 이번에 내가 얘기하려는 자유
의 문제도 관계라는 조건, 좀 더 구체적으로 말하면 정치·사회적
환경을 제외하고 말할 수 없는 것이지. 설사 그것이 순수 철학이
고 인문학이라고 하더라도 말이야. 일체의 관념은 물적 토대와의

상호작용 속에서 존재한다고 생각해. 그럼 그 이야기를 해볼까.

루터와 에라스무스

희림아, 이 논쟁은 학문도 사람의 됨됨이와 뗄 수 없다는 점을 잘 보여 준다. 성격이 온화하고, 정치적으로 온건하며, 신학적으로 중도인 에라스무스는 모든 주장에 대해 늘 거리를 두고 의심하지. 스스럼없이 자신을 '회의주의자'라고 밝혀. 루터는 기질적으로 화끈하기 그지없고, 조증과 울증을 왔다 갔다 하는 종잡기 어려운 사내였고.

히틀러 연설 영상을 볼라치면, 이런 터무니없는 생각을 하곤 해. 루터가 설교할 때 저렇지 않았을까? 에라스무스에게 "이 책과 비교해 볼 때 당신의 책은 미안하지만 매우 천박하고 싸구려 같다. 그와 같은 쓰레기 같은 책"(147쪽)이라는 말도 서슴지 않은 것을 보면 말이야. 이러니 에라스무스는 질려서 나가떨어졌을 게 뻔해. 잠자는 시간을 빼고 스무 시간을 읽고 쓰고 교정하는 일로 보내고, 자기 의지와 무관하게 외부에서 시련이 닥치면 책 속으로 숨어드는 이 사람에게는 루터와 그 시대 자체가 미쳐도 단단히 미친 세상이었을 거야.

네덜란드 신학자 헤이코 오베르만은 루터를 "하나님과 악마 사이의 인간"이라고 했는데, 따지고 보면 루터는 하나님과 악마

양쪽과 투쟁했어. 숨어 계신 하나님, 보이는 것으로 축소할 수 없는 하나님의 뒷모습 또는 이면으로 인해 얍복강 나루터의 야곱처럼 하나님과 다부진 씨름을 벌였지. 그러고 보면 진정한 신학함에는 기도와 묵상뿐 아니라 시련 또는 고난이 필수적이야.

동시에 (루터 자신도 포함하여) 인간 안의 악마적 모습, 가톨릭으로 대변되는 전통과 체제, 제도 안에 내재된 악마들, 그 자신보다 너무 멀리 나가서 오히려 두려운 신비주의자들과 아나뱁티스트들 안에서 악마를 보았고, 몸서리치며 싸우고 또 싸울 수밖에. 그는 남보다 빨리, 깊이, 오래 보고, 자주 보았다. 그러니 거친 쟁투를 마다할 수 없었고, 괴물과 싸우는 사이에 그 안의 마성적 본능이 튀어나왔을 거야.

두 사람과 흡사한 경우가 바울과 바울의 스승 가말리엘 아닐까 해. 바울은 한때 광적인 신앙과 광기 어린 폭력을 자행했었지. 스데반을 죽이는 데 앞장섰거나 강력한 지지자였고, 그의 서신에서 '저주'의 말을 종종 읽는 것도 그의 성격과 무관하지 않다고 봐. 바울은 '진리를 위해서라면 목숨을 걸어야 하며, 그렇지 않다면 그는 진리를 알지 못하는 자'라고 완강하게 주장할 거야. 자기 존재 전부를 판돈으로 내걸지 않는다면, 그가 보기에는 장난이거나 인생을 너무 가볍게 사는 가여운 자들인 게지.

반면, 사도행전 5장의 가말리엘은 에라스무스를 너무 닮았어. 산헤드린 공회에 잡혀 온 사도들을 심문하는 자리에서 그는 아주 나지막하게 말하지. "이 사람들의 이 계획이나 활동이 사람에게서 난 것이면 망할 것이요, 하나님에게서 난 것이면 여러분은 그것을 없애 버릴 수 없소. 도리어 여러분이 하나님을 대적하는 자가 될까 봐 두렵소"(행 5:38-39, 새번역).

저기에 가말리엘을 지우고 에라스무스를 집어넣어도 쉽사리 눈치 채지 못할 거야. 그러니까 에라스무스는 어느 편도 들지 않고, 중도와 중용을 추구해. 어떤 것에도 영혼을 다해서, 진심을 다해서 확고하게 진리라고 말하기를 꺼려하지. 바울과 루터가 진리를 위해 생사를 걸어야 한다고 할 때, 가말리엘과 에라스무스는 그들이 진리를 기칠고 과도히게 말한디고 여기머 뒤로 움찔 물러서는 셈이야.

에라스무스는 루터에게 너무 지나치지 말라고 조심스럽게, 신중하게 말을 건네지. 루터가 주장을 조금 완화하길 바라는 마음에서 순수하게 학문적 논쟁을 촉발한 것이었어. 그래서 대화와 토론을 하자는 의미로 '담론'(diatribe)이라는 용어를 제목에 붙였고. 이에 루터는 삶과 죽음의 기로에 서서 '내가 여기 있습니다'(Here I stand)라고 외치던 그 결기 그대로 타오르는 불같이 확고부동한 주장(453쪽)을 한단다.

논쟁의 포문을 연 에라스무스의 입장을 보자. 그는 루터가 인간의 자유의지를 부정하고 노예의 의지만을 가지고 있다고 한 발언에 대해 굉장히 우려했다고 해. 루터가 가톨릭의 공로주의와 율법주의를 시대의 핵심 의제로 삼은 반면, 에라스무스는 루터와 가톨릭 양쪽의 극단주의를 경계하지. "지금 세상을 뒤흔드는 천둥 번개가 발생한 것은 바로 이러한 과장된 견해의 갈등에 기인합니다"(142쪽).

그가 보기에 인간에게 자유의지가 없고 그 주인이 누구이든 노예로서 갖는 의지밖에 없다면, 그것은 첫째 성서의 가르침을 제대로 해석하지 못한 것이고, 둘째 인간의 악함을 너무 과도하게 부풀린 것이지. 그리고 셋째, 신론에서 하나님이 악에 대한 책임을 고스란히 떠맡을 공산이 커진다는 거야. 인간이 선을 선택할 자유가 없다면 책임도 없고, 책임이 없다면 죄를 물을 수 없고, 결국 도덕과 윤리는 완벽하게 증발하고 말지. 에라스무스는 성서론, 인간론, 신론 또는 신정론의 측면에서 루터가 생각을 순화해 주길 원했지.

루터도 절대 양보할 수 없었어. 자존심 문제만은 아니거든. 그의 신학적 주적은 가톨릭주의, 즉 공로사상, 공적주의였어. 인간의 행위 중 적어도 일부분이 구원에 효력을 미친다는 가르침이 교회를 부패시켰고, 교황의 절대무오를 낳았다고 본 거지. 인간이 무언가 할 수 있다고 말하는 순간, 네가 퍼트남을 비판한 것처럼, 좀 더 많이 가진 자, 많이 아는 자의 입지가 공고해지고 말아.

그러니까 루터는 에라스무스의 주장에서 자신이 그토록 두려워하면서 싸우고자 했던 공로사상을 보았고, 자칫하면 그 사상이 개혁운동 진영에까지 파고들 일말의 가능성을 민감하게 느꼈던 거야. 그렇게 되면 개혁운동이 수포로 돌아갈 공산이 컸기 때문에, 루터는 심할 정도로 인간이 선한 일을 할 수 없다고 외치는 거지. 인간의 공로사상이 또다시 교황의 절대 권력을 행사할 빌미를 제공하니까.

그런 점에서 내가 보기에 에라스무스는 순수한 건지, 아니면 순진한 건지 아쉬움이 들어. 개혁운동이 한창 전개되는 상황에서 앞장서 싸우는 루터의 신학을 정조준한다는 것은, 에라스무스가 의도했든 하지 않았든 루터의 종교개혁을 약화할 가능성이 다분하지 않았겠니.

신적 필연성

이제 아빠는 이 책 가운데 '신적 필연성'에 집중하려 해. 하나님의 필연성과, 인간의 의지와 상반성에 대한 논변 말이야. 개혁자 루터는 인간에게 자유의지가 있음을 분명하게 인정한단다. 일상을 살아가면서 선택하는 일체의 것들에 자유로운 행위를 한다는 거야. A와 B라는 최소한 둘 이상의 선택지 중에서 어느 하나를 고를 수 있으며, 그에 따른 책임도 오롯이 그에게 있다는 거지. 이를 인정하지 않는다면, 아무리 신의 주권과 필연을 강조한들 인간은 말 그대로 개돼지에 다를 바 없겠지. 그저 본능에 충실한 동물 말이야. 인간이 인간인 까닭은, 동물과 견주어 볼 때 본능적 욕망에 제한을 받지만 절대 종속되지 않는다는 점 아니겠니. 이것을 라인홀드 니버가 말한 자기초월성이라고 해도 되겠지. 이를 확보하는 수단을 철학자는 이성, 신학자는 이성과 함께 은총이라고 할 테지만.

루터는 하나님의 필연성을 '강제적 필연성'과 '불변의 필연성' 두 가지로 구분해(196쪽). 강제적이란 것은 목덜미를 움켜쥔 채 억지로 끌고 가는 거야. "만약 의지가 강제를 받는다면, 그것은 의지가 아닐 것이다"(198쪽). 필연성을 그런 방식으로 이해한다면, 폭력적인 신론이 되고, 무기력한 인간이 되고, 책임질 수 없는 윤리가 되고 말아. 오히려 "강제는 무의지"(198쪽)의 다른 이름일 테니까.

나는 하나님의 의지가 비강제적이라는 주장을 열렬히 환호한단다. 안데르스 니그렌의 《아가페와 에로스》를 읽고 나눈 대화에서 이미 말했던 거야. 사랑이란 자신의 의지를 사랑하는 대상에게 강청할지언정 강요하진 않아. 상대방이 나의 사랑을 받아 주기를 바라지만, 그 사랑을 거절할 권리와 자유가 그에게 있다는 점도 인정하는 것이지. 하나님이 사랑이신 까닭은 우리 인간이 당신의 사랑을 냉담하게 거절하고 심지어는 십자가의 반역을 저지를 자유마저도 허용하셨다는 것이지. 그 연장선에서 하나님의 의지도 비강제적이라는 결론을 얻게 돼.

한데, 비강제를 비폭력으로 좀 더 밀고나가는 건 어떨까? 그렇다고 물렁물렁하진 않아. 신의 필연은 비강제적이지만 불변한다는 점에서 기필코 관철되는 것이거든. 강제하지 않는다면, 신은 어떻게 당신의 의지로 세상을 만들어 가고 고쳐 나가는 걸까? 그것은 인간의 행위를 골똘히 관찰하면 알게 돼. 무릇 인간이란 남이 시키는 일보다는 제가 하고 싶은 일을 하려고 안달이지. 일시적으로는 외부 압력에 굴하고 따르겠지만, 장기적으로는 자신이 이끌리는 것을 하고 말잖니.

마침 하려던 일도 누군가 그걸 시키면 싫다고 돌아서는 게 사람 심리 아니겠니. 그래서 하려던 일, 원하는 일을 끝내 하는 것, 바로 그것이 인간 편에서 보면 "자발적으로 준비된 의지를 갖고"(197쪽) 행동한다는 깃이고, 신의 입장에서는 불변의 필연성인 것이지.

모세가 선택하라고 해서 선택하겠는가?

그런 점에서 루터는 인간에게 자유의지의 '유무'가 아니라 실제로 자유의지가 얼마나 효과적으로 작동하는지 그 '정도' 또는 '수준'을 따져 보자는 거지. 에라스무스를 비롯한 수많은 인문사회과학자들과 신학자들이 인간에게 자유의지가 있다는 것을 제아무리 그럴 듯하게 역설하고 증명해도, 한갓 "관념 속의 돈"(칸트)이요 "상상 속의 자유"(루터)에 불과해. 그런 자유가 무슨 소용 있겠니.

에라스무스가 보기에, 성서 곳곳에 인간을 향한 신의 명령이 부지기수로 널려 있어. 그는 인간이 제 스스로 선택할 수 없고, 결정할 수 없고, 실제로 행할 능력이 없다면, 왜 힘을 다하라는 말을 성경이 했겠냐며, "행위에 대한 여지가 없는 곳에, 형벌이나 보상은 없다"(115쪽)고 단언해. 그렇기에 신의 은총은 인간의 자유와 책임을 요구한단다.

에라스무스의 생각에 동의하는 나로선 사실 루터가 어떻게 대응할지 궁금하더구나. 루터의 말을 직접 들어볼까. "모세가 '선택하라'고 해서 인간들은 그것을 선택했는가?"(262쪽) 모세 오경을 비롯한 구약 전체는 목이 곧은 백성들의 지치지도 않는 불순종의 역사다. 선택하라고 해서 하나님의 의지에 부합한 것을 선택했다면, 창세기 3장은 아예 쓰이지 않았을 것이고 가룟 유다의 배반 역시 역사에 기록되지 않았을 거야. 그래서 루터는 에라스무스의 급소를 찌르지. "내가 이미 말했던 것처럼, 당신이 하는 말들은 인간이 무엇을 해야 하는지를 보여 주고 있지, 인간이 무엇을 할 수 있는지를 보여 주는 것이 아니다"(262쪽). 루터는 거창한 당위와 무력한 존재를 구분하지 않는 에라스무스를 답답해한단다.

그러므로 인간학적으로 말하면, 인간은 선택할 수 있다고 해도 선택하지 않아. 제 욕망을 따라 움직이지. 신학적으로 말하면, 그렇게 간단히 순종했다면 성령의 역할은 축소될 것이고, 애당초 예수께서 십자가에 달려 죽으실 하등의 이유가 없는 거지. 그래서 루터는 에라스무스의 논증에는 그리스도가 설 자리가 없다(161쪽)고 한 거란다.

인간은 자유로운가?

희림아, 나는 루터를 곱씹으면서 이런 생각을 했단다. 이 책을 독서하기 전의 나는 에라스무스에 가까웠지만, 이제는 가히 개종이라 할 만한 생각의 전향을 하게 되었어. 그러니까 루터 편이 된 거지. 어떻게 설명하든 간에 하나님의 주권과 인간의 자유를 동시에 설명하는 방식을 찾아야 한다는 점은 변하지 않았지만, 무턱대고 인간이 자유롭다고만 말하는 것이 현실적으로 공허한 외침일 뿐이라는 점을 숙고하게 되었어.

그러면서 예전부터 품었던 의문이 풀렸단다. 아우구스티누스의 《고백록》과 파스칼의 《팡세》를 읽으면서 가졌던 것인데, 두 사람은 '습관'이라는 단어를 너무 많이 사용하더라. 루터도 다르지 않고. 혼자서라도 인덱스를 만들어 볼까 생각도 했다. 하나님에 이르는, 하나님에 다다르는 여정에서 몸에 밴 습관이 그토록 중요할까?

그걸 전통적인 언어로는 '죄성', 현대에서는 '중독', 무난하게는 '습관'이라고 하지. 아빠 생각에는 구원론에서의 노예의지론이 뇌과학으로 말하면 '뇌'라는 신체 조건의 한계에 기인하는 것과 맞닿아 있다는 거야. 뇌과학 연구의 결론과 루터의 노예의지론이 잘 연결된다는 거지. 어쩌면 내가 욱여넣은 것일지도.

인간의 의식이 뇌와 직결된다는 결정적 사례가 '피니어스 게이지 사건'이야. 미국 철도공사 감독관인 게이지는 우연한 폭발 사고로 쇠막대가 얼굴을 뚫고 뇌를 관통하는 사고를 당해. 그 뒤로, 전에는 그토록 성실하고 유능했던 게이지가 몸은 그대로인데 다른 사람이라도 된 듯 괴팍하기 그지없는 성격으로 바뀌고 말아. 변덕이 죽 끓듯 하고 고집도 세지고 말이야.

과학자들은 뇌의 특정 부위가 우리의 인식과 의식과 연결되어 있음을 발견했어. 다시 말해, 생각하는 것, 말하는 것, 무언가를 욕망하고 결정하고 선택하는 일련의 행위들이, 알고 보면 뇌라는 신체의 특정 기관에서 일어난 일의 외적 발현이라는 거야.

그런데 의식, 자유와 같은 고차원적인 기능들은 뇌/육체라는 자리(locus)에서 생겨나지만, 그것으로 환원되지는 않는다는 게 내 생각이야. 비물질적 사유와 언어가 물질 없이 발생할 수 없지만, 물질적인 것으로 축소될 수는 없다는 얘기지. 뉴런을 아무리 조사하고 연구한들, DNA를 탐구하고 탐사한들, 언어와 사랑, 사유가 나올 수 있을까? 누구 하나 예외 없이 동일한 조직과 구조의 뉴런과 DNA와 염기서열에서 왜 다른 언어와 관점이 나오는 걸까?

루터의 글에서 참으로 기이한 대목을 보았어. 인간은 영, 혼, 육으로 이루어진 전인적 존재인 동시에 전적으로 육체라는 주장이었어. 종교적 의미의 육체이지만 그 신체가 영적인 것도 규정한다는 거지. 그는 딱 잘라 말해. "인간이 단 하나의 부분이나 가장 뛰어난 부분 또는 지배적인 부분이 육이라는 사실, 아니 전인적인 인간이 육"(372쪽)이다. 하나님의 영이 없이는 인간은 결코 육욕으로부터 벗어날 수 없지.

그래서인지 루터는 인간은 마치 주인 없는 짐승 같다는 비유(198쪽)를 들어. 고삐를 누가 잡느냐에 따라 다르다는 거지. 하나님이 다스리시는, 그래서 비강제적 필연성으로 이끄는 주인을 만난 동물은, 하나님이 원하시는 바를 이루는 서지. 사탄이 올라탄다면, 사탄의 의지가 곧 자기 것이 되고, 자신이 선택하는 바는 그가 의도했든 하지 않았든 상관없이 사탄의 뜻을 실현하는 도구가 되는 거지.

인간의 의식과 자유는 뇌라는 신체, 물질이라는 하부구조가 선차적으로 존재해야 가능한 것이지만, 그것이 동물적 욕망에 따른 결정이 아니라 신의 절대 은총에 의해 거듭날 때 인간은 동물적 본성으로부터 자유로운 존재가 된다는 게 루터의 결론이야.

인간은 자유한가? 자유하지 않아. 자기 스스로는 자유롭다고 생각하지만, 결코 그렇지 않아. 스탠리 하우어워스의 글에서 읽은 기억이 나는데, 어둔 카페에서 특정 회사의 담배를 피우며 모 회사의 커피를 마시는 것이 개인의 자율적인 선택이라고 믿지만 그것은 환상이라는 거지. 그것은 광고와 홍보에 따른 것일 뿐이라는 거야. 어떤 것으로부터 완벽하게 벗어난 나만의 고유하고 독자적인 결정일 수 없어. 인간은 신체라는 존재, 그리고 사회라는 관계 안에서 자유롭다는 거야. 개인적 차원에서 자유를 말한다면, '신체적 한계 안에서의 자유'이고, 사회적 차원에서는 '관계적 한계 안에서의 자유'를 지니고 있어.

그러고 보니 글쓰기도 마찬가지구나. 분량의 한계 안에서 글을 쓰는 거니까 말이야. 요청받은 분량에 맞추어 쓰는 게 실력이고 모자라거나 넘치게 쓰면 실력 부족이지. 축구든 권투든 주어진 시간과 정해진 룰 안에서 경기를 해야 하는 법이야. 끝나는 벨이 울렸는데도 링 밖에서 주먹을 휘두르면 폭력이지. 패배는 기본이고, 심한 경우에는 선수 자격도 박탈당할 거야.

아빠의 글이 너무 길어지는 것 같아 여기서 마무리해야겠구나. 네가 어떤 텍스트를 선택할지, 그 텍스트가 말하는 자유와 그에 대한 네 생각은 어떨지 궁금하다. 너의 글을 기다린다. 무엇보다도 우리 건강하자.

함께 읽고 싶은 책

루터·에라스무스 지음, 《루터와 에라스무스: 자유의지와 구원》, 두란노 아카데미. (특히 이 책에 수록되어 있는 마르틴 루터의 〈노예 의지 에 관하여〉)

파스칼, 《팡세》, 민음사.

16. 신체의 한계를 넘어선 자유

불교 경전 《금강경》 읽기

여전히 온 세상이 전염병으로 혼란스러운 와중에 또 편지를 쓰게 되었어요, 아빠. 조금씩 나아지는 것 같지만 아직 마음을 놓을 수는 없는 상황이라 영 답답하네요. 모두 각자의 자유를 조금씩 희생해야만 하는 이 시기에 '자유'를 주제로 토론한다는 것도 묘한데, 아빠의 글이 "신체의 한계 안에서의 자유"였으니 생각해 보면 더 역설적이네요. 아빠와 저는 동서고금의 고전을 누비며 자유롭게 대화하는 정신적 자유를 누리고 있지만, 한편으로 그 자유조차 눈에도 보이지 않는 바이러스에게 철저히 종속된다는 것을 다시금 생각하게 됩니다.

아빠는 루터의 글을 통해 인간에게 행동학적 측면의 자유의지는 있으나, 그것은 결국 하나님의 주권과 필연성 아래 주어진 자발성이라는 점을 강조하셨어요. 그러면서 하나님의 뜻과 인간의 의지가 공존할 수 있는 '비강제적 필연성'이라는 개념을 통해, 인간이 신체라는 동물적 욕망의 틀 안에서 하나님의 비강제적이지만 필연적인 이끄심의 한계 안에 놓였다는 점을 짚었고요. 제게 신체와 자유의 관계를 계속 생각하게 만드는 글이었습니다.

나를 비우라?

이번에 제가 다루려는 고전은 《금강경》이에요. 가장 대중적으로 읽히는 불교 경전 중 한 권이지요. 고등학교 때 《금강경》을 얼마나 많이 읽었는지 모르겠어요. 그때나 지금이나 이해할 수 있는 부분이 너무 적은 어려운 책이지만, 읽을 때마다 알 수 없는 전율을 얻기도 하지요. 대승불교의 초기 경전으로 잘 알려진 《금강경》은 부처와 그의 제자 수부티가 '공'(空)에 대해 이야기를 나누는 짧은 대화록이에요. 공(空)이라는 말은 등장하지 않지만 말이에요. 빌 공(空), 비움. 이 한자를 보면 아빠는 무슨 생각이 떠오르세요? 복잡한 세상을 사는 우리는 비우라는 말을 많이 듣지요. 자기계발서에 단골로 등장하는 것이 나를 비우라는 말이고, 오래전 예술 분야에서 시작해 일상의 영역으로 확장된 미니멀리즘도 가진 것을 덜어 내라고 하잖아요.

우선 대화의 시작을 알리는 수부티의 질문을 먼저 살펴볼까요? 수부티는 이렇게 질문합니다. "훌륭한 아들딸로서 이미 '보살의 길'로 나아간 사람은 어떻게 살아가야 하며, 어떻게 활동하며, 어떻게 마음을 다스려야 합니까?"(17쪽) '보살'은 깨달은 자라는 뜻인데, 무엇을 깨달았다는 의미일까 궁금해지기 시작할 때 부처의 대답을 읽으면 가닥을 잡을 수 있습니다.

무엇이든 중생계에 속하는 것 모두를 나는 작은 번뇌마저도 없는 열반의 세계로 인도해야 한다. [⋯] 만약 보살이 중생이라는 생각을 갖는다면 그는 진정한 보살이라 할 수 없다. 그것은 어째서일까? 수부티여, 만약 그에게 자아(自我)라는 생각, 또는 중생이라는 생각, 수명(壽命)이라는 생각, 개아(個我)라는 생각이 생긴다면 그는 보살이라 할 수 없기 때문이니라. (19쪽)

《금강경》은 대화의 서두에 핵심이자 결론을 명쾌하게 요약하고, 이어지는 대화에서는 그 결론을 조금씩 변주해 나가면서 이야기를 완성해 가는 구조를 지니고 있습니다. 서두에 등장한 수부티의 질문과 부처의 대답으로 이 책을 대변할 수 있다는 뜻이지요. 그럼 아빠, 부처의 대답을 다시 읽어 보면서 《금강경》을 들여다볼까요? 무엇보다 자아라는 생각이 있다면 그는 보살이 아니라는 말이 무게감을 갖습니다. 이후에도 같은 이야기를 많이 반복하고 있는데요. 처음 《금강경》을 펼쳤을 때 이 글귀를 읽고 충격을 받아 이 말을 조금도 납득할 수 없었고, 그래서 더더욱 이해하고 싶었던 기억이 새롭습니다.

여기서 '자아'라는 말의 원어를 산스크리트어로 보면 '아트만'인데, 인도에서는 아주 중요한 개념입니다. '생명'과 비슷한 뜻으로, 우주만물의 근본이 되는 원리이자 각 개체들의 목숨을 부지시키는 힘이기도 해요. 자아, 영혼, 본성, 성격 등을 의미하며, 앞서 목숨이라고 표현한 것처럼 실제로 '숨을 쉰다'는 의미도 있습니다. 여기서 파생된 독일어 동사 'atmen'도 숨 쉬다는 뜻이고요. 생명·영혼·숨을 하나로 이해하는 것은 고대에는 자주 있는 일이었나 봅니다. 고대 그리스어의 생명과 영혼을 뜻하는 '프쉬케'도 호흡할 때 나는 소리에서 유래한 의성어라고 추정하거든요. 《일리아드》나 《오딧세이아》를 읽다 보면 죽은 전사들이 마지막 숨을 내뱉을 때 영혼이 몸을 풀고 떠난다는 글귀들을 만날 수 있거든요.

루터가 《금강경》을 펼친다면?

그런데 뜬금없이 숨 쉬는 이야기를 이렇게 자세하게 설명한 이유가 있답니다. 아빠가 쓴 글에서 가장 중요한 주제가 '신체의 동물적인 자유분방함에도 불구하고 하나님의 비강제적인 뜻에 맞춰 살아가야 한다'는 루터의 논지였잖아요. 인간을 지배하는 것은 다름 아닌 육이기에, 강력한 육욕을 이기기 위해서는 하나님의 영이 필수적이라면서요. 그런데 에라스무스에게 '당신 책은 쓰레기와 같다'고 공격하기를 서슴지 않았던 루터도 《금강경》을 펼쳤다면 할 말을 잃지 않았을까 상상해 봅니다.

나를 지배하는 이 육체성을 통제하기 버거워서 요청된 것이 신적인 의지이거늘, 《금강경》은 아예 루터의 방법론 자체를 뒤집습니다. '나' 자체를 없애라는 거예요. 살아서 숨 쉬는 이 살덩어리가 요구하는 것을 통제하려고 하지 말고, 아예 그 요구 자체를 부정하고, 나아가 그 요구를 부정하려는 내 모습마저도 없애는 게 《금강경》이 말하는 공(空)입니다. 앞서 자기계발서와 미니멀리즘이 비움을 이야기한다고 했지만, 이 비움은 사실 부처의 가르침과는 질적으로 완전히 다를 수밖에 없습니다. 그렇게 비워서 얻고자 하는 것이 '나'를 계발하고자 하는 것이라면, 그렇게 줄여서 내 욕망의 대상이 이만큼에서 요만큼으로 옮겨 간 것이라면, 자아라는 생각으로부터 벗어났다고 할 수 없지 않을까 해요. 《금강경》은 내가 존재한다는 생각, 그로부터 필연적으로 도출되는 '나의 것'이 있다는 생각 그 자체의 소멸을 기획하거든요.

이제 이 책의 제목이 왜 '금강경'인지 살펴볼 필요가 있겠네요. '바즈라체디카 프라즈냐파라미타 수트라'라는 이 경전의 이름을 쪼개 보면, '바즈라'는 벼락, 번개, 금강석(다이아몬드)을, '체디카'는 자르는 것, 부수는 것을 뜻합니다. 즉, 일체의 고착 관념을 벼락처럼, 금강석처럼 부순다는 말이지요. '프라즈냐파라미타'는 '지혜의 완성', '수트라'는 경(經)을 뜻합니다. 원래 '바즈라'는 천둥의 신, 인드라의 무기였다고 해요. 천둥을 내리는 지팡이가 다름 아닌 금강석으로 만들어진 것이지요. 즉, 《금강경》은 잘못된 생각을 금강석과 같은 힘으로, 번개가 내려치듯 깨부수는 최고의 지혜를 가르치는 책인 셈입니다.

지혜의 완성

그 지혜의 완성이란, 줄곧 이야기했다시피 집착으로부터의 자유라고 할 수 있겠지요. 자아라는 도저히 부정할 수 없는 것을 포함해서, 집착 그 자체를 포기하는 것 말이에요. 부처는 말합니다.

그러므로 수부티여, 위대한 보살은 집착이 없는 마음을 일으켜야 한다. 무엇엔가 집착하는 마음을 일으켜서는 안 된다. 모양에 집착하는 마음을 일으켜서는 안 된다. 소리, 향기, 맛, 감촉, 마음의 대상에 집착하는 마음을 일으켜서는 안 된다. (41쪽)

번역에 따라서 '집착이 없는 마음을 일으키다'(應無所住而生其心)를 '청정한 마음을 내다', '머무르는 바가 없이 그 마음을 내다'로 옮기곤 하는데요. 이 글귀를 읽으면서 두 가지 작은 깨달음을 얻었어요. 첫째는 고착된 마음에서 벗어날 때 얻게 되는 창조성입니다. 사람이 마음에 머무르는 바가 있어서 고정관념에 사로잡히면, 루터의 말마따나 그럴 때 노예가 되어 창조적인 생각을 하지 못하고 살지 않겠냐는 것입니다. 둘째는 현상학적 고찰입니다. 잘 아시겠지만, 후설의 현상학에서 의식은 반드시 지향성(Intentionalität)을 가지잖아요. 우리의 의식은 세계와 독립적으로 존재하는 것이 아니라, 항상 '무엇에 대한 의식'이니까요. 후설은 우리가 사물을 인식할 수 있는 것도 이 지향성 덕분이라고 말합니다. 우리는 사물을 입체적으로 인식할 수가 없잖아요. 친구의 옆모습만 보고도 그를 친구라고 알아차리는 게 가능한 것도 이 지향성의 중요한 기능입니다. 언제나 무엇에 대한 의식인 우리 의식의 지향성은 대상을 추구하는 의지니까, 그렇게 적극적인 인식이 가능하다는 것이 후설의 주장이에요.

철학과에 들어가서 맨 처음 관심을 가진 분야가 현상학이었는데,《금강경》은 이러한 현상학적 작용을 극복할 것을 주문하는 것만 같았어요. 필연적으로 대상성을 요구하는 의식을 부처도 잘 알고 있는 듯합니다. 아니, 그 의식으로부터 자유를 얻으려고 수행을 거듭한 부처라면 후설과 현상학을 놓고도 이야기가 잘 풀리지 않았을까 상상해 봅니다. 물론 루터처럼 후설도 당황해하겠지만요. 의식이 강제하는 대상에 대한 의지의 극복을 넘어 의식 자체를 없애라니 얼마나 황당하게 들릴까요?

《금강경》을 읽으면서 현상학까지 언급한 이유는 간단합니다. 공의 다층적인 면모를 묘사하고 싶었거든요. 비움이라는 것은 나를 포함한 내 소유를 모두 내려놓는 윤리학, 내가 이제껏 알게 된 모든 정보를 포함한 가치를 포기하는 인식론, 나아가 내가 나라는 근본적인 상(想)마저도 넘어서는 존재론적인 측면을 모두 포함한다는 것을 짚어 본 셈이지요.

거울에 비친 나는 무엇일까?

왜 그렇게까지 해야 할까요? 앞서 여러 차례 이야기했듯이, 바로 오늘의 주제인 '자유'를 위해서입니다. 집착으로 이어지는 탐욕들 때문에 우리는 이 세상에서 고통받습니다. 탐욕과 집착을 제거해 그들이 주는 고통으로부터 자유로워진 사람을 들어 불교에서는 '열반을 획득한 사람'이라고 하지요. 그런데 얼핏 이 자유라는 것이 다분히 이기적으로 보이기도 합니다. 제가 레비나스의《시간과 타자》를 읽으면서 쓴 글처럼(4장 참고), 아무리 소극적인 자유라 해도 내가 자유를 누리기 위해서는 반드시 타인을 이용할 수밖에 없지요. 그런데 나를 버리는 온전한 자유라면 얼마나 이기적일까요?

그러나《금강경》의 배경이 되는 대승불교에서 보살은 모든 존재가 깨달음을 얻도록 도와주기 위해 이 세계에 아직 남아 있는 이들을 가리킵니다. 어떤 의미에서 이는 완전한 이타주의라고 할 수 있어요. 나를 비로소 내려놓았는데, 그 온전한 자유를 많은 사람들이 누릴 수 있도록 나서서 이끌겠다니요. 제가 플라톤의《국가》를 다룬 글이 기억나시죠? 햇빛의 세계를 본 사람이 다시 동굴로 내려와 빛을 이야기하다 이내 죽음을 피하지 못하는,《국가》에 등장하는 동굴의 비유를 언급한 글 말이에요. 그 글에서 저는 이상의 세계가 주는 극한의 아름다움을 포기하고 축축하고 더러운 현실의 세계로 내려와 그 이상을 실천하다 아스러지는 플라톤의 정치사상을 소개했어요.

그런데 이《금강경》의 논지에 한 가지 아쉬움이 있어요. 그 전에 일화 하나를 먼저 소개할까 해요. 몇 년 전 철학과 1학년 수업을 들었을 때 일입니다. 당시 저는 3학년이었는데, 1학년 때 3, 4학년 수업만 좇아다니느라 그제야 1학년 수업에 들어갔어요. "서양철학의 기초"라는 과목이었는데, 철학의 개념들을 개괄하는 수업이었어요. 첫 주제는 역시나 '주체'였습니다. 교수님은 학생들에게 주체가 무엇이냐고 물었고, 한 1학년 학생이 아주 당차게 "주체는 없습니다"라고 대답하더군요. 교수님은 당연히 자세한 설명을 요구했고요.

그 학생이 이렇게 대답하는 것이었습니다. "인간은 모두 다른 사람의 욕망을 욕망하며 사는 동물에 불과하고, 그 욕망으로부터 탈피하는 것이 중요합니다. 주체는 없고, 없어야 합니다." 이 말을 들은 교수님의 대답은 충격적이었습니다. 제가 철학에 대해 가진 생각을 조금은 바꿔 준 한마디였거든요. 교수님은 학생을 빤히 바라보시다가 대뜸 그에게 삿대질을 하면서 말씀하셨습니다. "그럼 이건 뭐야?"

'그럼 이건 뭐야?' 나와 내가 가진 욕망이 루터의 말처럼 노예의 의지에 불과하고 부처가 설파하듯 한 줌 바람에 지나지 않는다면, 거울에 비친 이건 뭘까요? 맥베스의 처절하지만 담담한 말처럼 인생은 그저 걸어 다니는 그림자여서 무대 위에서 실컷 뽐내고 떠들지만 시간이 흐르면 말없이 퇴장하는 가련한 배우에 불과하다면, 그래서 바보가 중얼대는 헛소리와 분노로 가득한 뜻 없는 이야기에 지나지 않는다면, 그럼 이건 뭘까요? 이것으로 태어나 이것으로 자라 이것으로 죽어 갈 내가, 이것이 아닌 것을 추구하는 것은 과연 합당한 일일까요?

《금강경》이 말하는 신체의 한계를 넘어선 자유는 그 자유가 줄 것만 같은 해방감에도 불구하고 우리에게 너무 가혹한 요구를 하고 있습니다. 어쩌면 그렇게 가혹한 요구이기에 상상만 해도 존재로부터 탈피되는 해방감을 주는지도 모르겠네요. 이삐는 지난 편지 마지막에 '인간은 개인적 차원에서는 신체적 한계 안에서의 자유를, 사회적 차원에서는 관계적 한계 안에서의 자유를 지닌다'고 하셨지요. 비록 태어나서 고통만 겪다가 죽어 버리는 인간이고 육체지만, 무대에서 내려가면 잊히는 단역 배우지만, 그 역할에 충실한 것 또한 우리 몫 아닐까요?

그동안 우리가 같은 주제를 놓고 고른 각 고전들의 조합이 참 특이했지만, 루터에 이어 부처라니, 이번에도 상상도 못한 대화가 이어졌네요. 그만큼 더 재미있었고, 그래서 다음 대화도 기대가 됩니다. 그럼 아빠, 다음 주제는 '세계'에 대해 이야기해 보면 어떨까요? 우리가 편지로 나누는 대화도 이제 막바지에 다다르고 있는데, 이 세상을 총체적으로 고민해 보면서 문을 닫는 게 좋을 것 같다는 생각이 드네요. 마지막 주제는 '학문'으로 마무리하면 좋겠고요. 우리의 대화가 결국 학문을 좇는 사람들의 수다니까 말이에요.

다음 편지를 주고받을 때는 뜻하지 않게 속박된 우리의 자유도 어서 풀려야 할 텐데, 걱정과 아쉬움이 큽니다. 그래도 조금씩 신체를 구속하는 것으로부터의 자유를 얻기를 바라면서 편지를 마무리할게요. 온 세계가 다 공포에 떨고 있는 지금, 세상 즉 세계란 무엇이고 어떤 곳인가에 대한 아빠의 신학적인 통찰도 기대합니다.

함께 읽고 싶은 책

이중표 옮김, 《금강경》, 민족사.
곽철환, 《금강경―생각을 내려놓은 지혜》, 살림.

17. 세상 한가운데서, 세상과 다르게

리처드 니버의 《그리스도와 문화》 읽기

오래전《금강경》을 읽으며 〈갈라디아서〉랑 비슷하다는 생
각을 했었지. 타인의 눈, 외부의 시선에 갇히지 말고, 그렇다
고 내 안의 욕망과 집착에 헤매지 말고, 나다운 나, 본래의 나
를 찾아 나서라는 일깨움으로 읽었거든. '나'라는 주체의 해체
가 가능할까? 해체하는 나든, 해체되는 나든 간에 그 '나'를 완
전무결하게 지울 수 있을까? 결국 '나'라는 어떤 것이 존재해
야지 않을까? 해서, 참다운 나로 살라는 방식으로 읽었던 거지.

 네가 철학을 전공하고 싶다고 했을 때, 아빠는 '마르크스
를 먼저 읽어 보라'고 했지. 어떠한 일체의 형이상학과 고담준
론일지라도 반드시 사회경제적 차원, 계급의 눈금을 갖다 대어
봐야 한다는 게 아빠의 지론이었으니까. 신체를 부정하는 것,
신체에 얽매이지 않아야 한다는 것은 몸이 부서져라 노동하지
않으면 안 되는 이들에게 과연 어떻게 다가갈까? 신의 목소리
이상으로 지엄한 목구멍의 부름에 절대 복종하지 않으면 안 되
는 가난한 사람에게 신체의 한계를 훌쩍 넘어서라는 것, 신체
는 욕망과 집착에 다름 아니라는 말은, 글쎄, 가진 자들의 이데
올로기로 작동할 공산이 크지 않을까? 이 물음을 더 파고들고
싶다만, 지금은 너의 지난 글로 만족하련다.

너는 이번 주제를 '세계'로 하자고 했지. 내가 누구이고 무엇이라고 하든 간에 '신체' 또는 아빠가 선호하는 단어인 '몸'을 벗어날 수 없듯이, 우리는 '세계' 또는 '세상' 한가운데서 살 수밖에 없는 존재이지. 자유의지를 '몸'이라는 키워드로 읽은 것이 자연스럽게 신체와 신체, 몸과 몸, 관계와 관계의 총체로서의 '세상'이란 어떤 곳인가를 캐묻게 되었구나. 좋다.

리처드 니버는?

리처드 니버(Helmut Richard Niebuhr, 1894-1962)는 라인홀드 니버의《도덕적 인간과 비도덕적 사회》를 읽을 때 간략히 소개했는데, 기억나니? 리처드 니버는 라인홀드 니버의 동생으로 다섯 형제 중 막내야. 정치와 현실과 지속적인 대화를 나누며 그것을 신학적으로 수렴하여 다시 정치에 참여한 형과 달리, 동생 니버는 전형적인 학자 타입이지.

학자형이라는 것은 두 가지 의미야. 하나는 제자를 잘 양성했다는 거야. 아빠가 갓 신학교 다닐 때, 그러니까 1980-90년대만 해도 리처드 니버의 제자들이 미국 신학계를 주도했어. 한스 프라이, 조지 린드벡, 제임스 구스타프슨, 로널드 티먼, 스탠리 하우어워스 등등. 기라성 같은 학자들이 니버의 영향을 받았고, 새로운 신학 세계를 구축했단다. 이들은 다 그의 직계 제자이거나 영향하에 있었던 인물들이야.

학자의 본령은 제자 양성과 함께 저술이 아니겠니. 리처드 니버는 형과 달리 다작하는 저술가는 아니었어. 한 자 한 자를 꼼꼼하고 깐깐하게 썼지. 책이 두껍지도 않아. 아빠가 읽은 《계시의 의미》와 《책임적 자아》가 그렇고, 《교회 분열의 사회적 배경》이 그래. 번역된 책이 하필이면 분량이 적은 것들이었는지도 몰라. 이참에 검색해 보았더니 대개 200쪽이 넘지 않더라.

그렇지만 그의 책은 'seminal'(향후 전개될 일에서 중대한)이라는 단어가 딱 어울리는 것들이야. 우람한 나무와 풍성한 열매를 품고 있는 씨앗 또는 맹아 말이야. 그런 점에서 그는 다산성과 독창성을 가능케 하는 저자야. 《계시의 의미》는 내적 역사와 외적 역사를 구분하는데, 이것이 이야기 신학의 토대가 되었어. 이 책도 과거 많은 사상가들의 것을 집대성하여 새로운 수원지를 만들었고, 그로부터 무수한 물줄기가 흘러 비옥한 영토를 일군 거지.

타자와의 관계 속에 있는 기독교

그럼, 왜 아빠가 이 책 《그리스도와 문화》를 골랐는지를 설명해야겠구나. 세계란 어떤 곳인지에 관해 대답하는 방식은 숱하게 많단다. 생태계 신학으로 접근할 수도 있고, 〈요한복음〉

에서 말한 세상, 윤리학에서 다루는 정사와 권세(principality and power)라는 프리즘 등 다양하지. 내가 너무 오래 품고 있는 원고 중 하나인 기독교 세계관도 그것이지.

그 이야기를 조금하자면, 기독교 세계관은 문자 그대로 '기독교적 관점으로 세상을 본다'는 거야. 여기서 따져 보고 넘어가야 할 게 수두룩하긴 해. 기독교적 관점이라는 것도 단 하나가 아니잖니. 프리즘을 통과한 빛처럼 무수히 많은 입장이 존재하니까 말이야. 본다는 것은 또 뭘까? 그냥 '세계'에 집중하면 말이야, 창조·다락·구속이라는 세 단어로 표현할 수 있어. 세상은 선한 하나님이 친히 창조하신 선한 세계라는 것, 인간의 자유 남용과 폭력에 의해 타락했다는 것, 그리고 십자가를 통해서 구원받아야 한다는 것이지.

세계관 논의에서 공통점을 하나 추출할 수 있어. 다름 아니라 '기독교는 세상 자체만을 놓고 말하지 않는다'는 거지. 기독교는 기독교로 존재한 적이 없어. 교회를 '타자를 위한 공동체'로 규정한 본회퍼의 말에서 보듯이, 기독교는 천상천하 유아독존으로서의 개인과 교회를 말하지 않아. 기독교는 오로지 타자와의 관계 속에서 자기를 정립했고, 자기 이해에 비추어 세계와 존립했어. 물론 그 세계는 물리적 존재로서의 코스모스라기보다는 가치적 대상으로서의 세계(aeon)지.

따라서 이 책의 1장 제목에 나오듯, 교회와 세계, 그리스도와 문화의 관계는 "늘 제기되는 문제"로 언제까지나 토론하지 않으면 안 될 영속적인 의제야. 그렇기에 우리 시대만이 아니라 지나온 수천 년의 교회 역사에서 논쟁했어. 그러므로 역사와 대화하고 대결을 펼치면서 지금 여기라는 우리의 시공간에서 양자의 관계를 탐구해야겠지. 그러자면 지금 우리는 니버의 이 책으로 시작해야 하고.

정, 반, 합 구조

자, 이 책을 파악하는 가장 쉽고도 정확한 툴(tool)은 바로 '구조'야. 이 책은 구조만 파악하면 다 이해했다고 해도 과언이 아닐 거야. 니버는 이 책을 정반합의 구조로 조직했어. 분리(정) – 일치(반) – 종합(합) 그리고 다시 종합(정) – 역설(반) – 변혁(합). 이를 그림으로 그려 볼까(262쪽 그림 참조). 이 구조가 말하는 바는, 변혁 모델이 니버의 입장이자 지향 모델이라는 거야.

구조를 파악했으니 이제 특징을 말해 볼게. 니버는 다섯 가지 모델을 유형론적으로 접근해. 유형론이란 이해를 돕기 위한 하나의 교육적 수단인데, '각각의 독특한 특징이 드러나도록 하는 방법론'이야. 그러다 보니 어떤 신학도 그 유형에 딱 들어맞는 경우는 없어. 특정 유형에 포함되었다고는 하나, 다른 유형론의 색깔도 갖고 있지.

그리고 연대기적이고 역사적으로 기록되어 있다는 점을

유념하면 독서에 도움이 될 거야. 콘스탄티누스 대제가 기독교를 공인한 313년 이전까지는 대립 모델, 그 후 기독교왕국(Christendom) 체제가 성립되면서부터는 일치 모델, 그러다가 로마의 몰락과 함께 고대의 혼란기를 지나서 중세가 안정기에 접어들면서는 토마스 아퀴나스의 종합 모델, 종교개혁기에는 루터의 역설 모델, 맨 마지막은 칼뱅의 변혁 모델.

그러나 시간적 순서를 얼추 따라간다는 점에서 연대기적이지만, 역사적이야. 역사적이라 함은 단지 과거에 일어난 사건이 아니라 지금 여기서 되풀이될 수 있는, 오늘 현재에 무언가 말할 것이 있고 오늘 현재를 해석하는 안목을 준다는 뜻이야. 19세기 자유주의 신학과 근본주의 신학은 일치 모델의 현재형이야. 역사란 돌고 도는 것. 그래서 중세적 종합 모델이라고 해

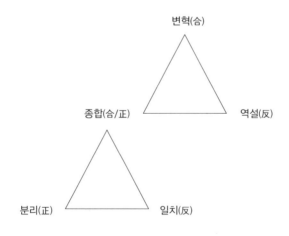

리처드 니버는 그의 책 《그리스도와 문화》를 분리(정)−일치(반)−종합(합), 그리고 다시 종합(정)−역설(반)−변혁(합) 구조로 구성했다.

서 중세에 묶여 있지만은 않고 근대와 포스트모던한 시대에도 유의미하게 주장될 여지가 있다는 것이지.

다섯 가지 모델

앞에서 거칠게나마 소개했지만, 너의 독서를 위해 가볍게 정리해 볼게. 텍스트 자체를 잘 소개하는 데 주력하면 좋겠다는 너의 제안도 있었으니까 말이야. 아빠가 다시 읽어 보니 니버의 탁월한 글쓰기도 보이더라. 각 장의 첫 문장은 각 모델의 핵심 중의 핵심을 짚어. 그 문장만 옮겨 놓아도 다 설명이 되겠지. 학문의 정상에 선 이들은 사고의 깊이와 강인함 못지않게 글쓰기에서도, 그것을 표현하는 언어에서도 자신만의 개성과 실력을 유감없이 발휘하니까.

먼저 '대립 모델'이야. 이는 예수 그리스도가 유일무이한 주님이기에 다른 어떤 것도 권위 있는 것으로 인정하지 않는 비타협적 입장이지. 세상을 적대시하는 〈요한일서〉, 예루살렘과 아테네가 무슨 상관이 있느냐는 고대 교부 터툴리아누스, 그리고 국가를 악으로 규정하고 문화를 배척했던 톨스토이가 대표자들이야.

니버는 이 견해를 '필요하지만 부적절'하다고 생각해. 대립 모델은 실제로 사회를 변혁했다는 점, 기독교 신앙의 정체성을 단단히 붙잡고 있다는 점에서 필요해. 하지만 교회와 세상 사이에 선을 긋고는 세상에서의 하나님의 주권을 약화시켰고, 문화를 배척하지만 그들 모두가 당대 문화와 시대의 자식들이라는 점에서 부적절하다고 논평하지.

둘째는 '일치 모델'인데, '문화에 속한 그리스도'라고 해. 기독교와 예수를 그 시대와 사회의 일부로 편입시키지. 각 사회마다 추구하는 이상이 있고, 그 완성자가 다름 아닌 예수이고 기독교인 게지. 이 모델은 문화의 눈으로 그리스도를 읽고, 그리스도를 통해 문화를 해석하려고 하지. 고대의 영지주의와 근대의 자유주의를 꼽을 수 있어.

기독교 신앙이 전파되는 과정에서 각 문화에 맞게 번역되고 해석되는 것은 불가피한 일이야. 특히 혼란기의 사람들에게 안정과 안심을 주는 데는 유용하지. 그러나 이 모델은 이도저도 아닌, 이것도 맞고 저것도 맞는, 그래서 양쪽 입장 모두에게 배척당할 위험을 안고 있어. 슐라이어마허의 《종교론》은 기독교와 당대 엘리트 모두에게 환영받기보다는 오히려 양쪽으로부터 거부당할 수 있는 거지. 무엇보다도 그 사회의 지향과 이념과 다를 바 없고 그것의 정점이고 완성이라면, 굳이 기독교라는 외피가 필요할까?

셋째, '종합 모델'은 그리스도와 문화를 너무 분리하거나 일치의 중간 어디쯤에 위치시킬 수 있어. 대립 모델에서 그리스도의 주권과 전일성을 가져오고, 일치 모델과 달리 약간의 거리를 두면서도 연결시키려 해. 그리스도의 주되심 아래에 문화를 가져오면서도 하나로 통일될 수 없는 간극을 고려하지. 그래서 문화의 자율성도 긍정해. 이 유형의 대표자는 토마스 아퀴나스야.

종합론자는 기독교 신앙의 우위와 문화적 독자성을 동시에 인정하면서도 '혼합하지 않으면서도 한데 묶기'라는 점에서 상당히 매력적인 모델이지. 하지만 둘을 묶기에는 양자의 격과 급이 달라도 너무 다르지. 한편으로 그리스도를 문화의 수준으로 격하시켜야 하고, 유한하고 상대적인 문화를 무한하고 절대적인 그리스도와 동등한 레벨로 격상시켜야 하거든. 그러다 보니 니버는 인간과 문화 속의 '악'이라는 요소를 '정면으로 직시하지 않는다'고 평가해.

넷째는 '역설 유형'인데, 편의상 이원론자라고도 해. 종합론과 달리 인간에 내재하는 악과 문화의 타락을 중요하게 여겨. 이에 따르면, 인간이 의인이면서도 죄인이고, 하나님은 자비로운 분이면서도 진노하시는 분이지. 둘은 칡처럼 한데 얽혀 있어. 이 유형을 대표하는 사람으로 니버는 놀랍게도 바울을 지목해. 십자가는 모든 것을 구원하지만 모든 것을 심판대 위에 세워. 문화의 긍정성과 함께 결코 순화될 수 없는 부정성을 강하게 인식하는 한, 바울은 이원론에 가까워. 물론 이건 니버의 평가이고, 아빠는 당연히 대조론자로 본다.

니버가 보기에 이 모델의 단점은, 도덕을 폐기하고 문화적 보수주의가 될 공산이 크다는 점이야. 그렇게 보일 법하다는 것을 인정하지만, 글쎄, 루터의 노예의지론이 도덕을 폐기할까? 그리고 문화적 보수주의 측면도 있지만, 발랄함도 있지.

아이러니하게 역설주의자들이 문화를 더 잘 향유해. 변혁론의 대표인 칼뱅과 달리 루터는 노래를 사랑했고, 그 시대의 유행가에 찬송가사를 붙여서 부르기를 좋아했으며, 술도 즐겨 마셨지. 형용사 '청교도적'이라는 단어에서 보듯, 칼뱅은 예배에서 노래를 제한했고, 시편 찬송을 고집했어. 그 누구도 한 유형에 딱 맞지는 않구나.

마지막으로 '변혁 모델'이야. '전환론'이라고도 하는데, 곧 니버의 입장이지. 세상 문화에 대해서는 종합론자처럼 긍정적이고, 죄와 타락에 관해서는 이원론과 같이 부정적이야. 여기에 얼추 부합하는 성경이 〈요한복음〉이라고 봐. 사실 세계관적으로 본다면, 〈요한복음〉은 대조 모델에 가깝고 니버도 그 점을 잘 알지만, 당시의 헬라 문명과 언어, 예컨대 로고스 등을 기독교화했다는 점에서 변혁론의 대표 정경으로 꼽더구나.

이 변혁론을 가장 잘 드러내는 인물은 성 아우구스티누스야. 고대 세계의 해체와 몰락에 이은 중세 천년의 초석을 닦은 그는 플라톤과 로마를 기독교적으로 비판하고 수용했고, 그러면서도 기독교를 플라톤과 로마라는 속세의 질서에 맞게 어느 정도 다듬었어. 그를 잇는 신학자는 칼뱅이지.

다양성을 존중하되 역사적 선택을 해야 한다

이 책을 모처럼 다시 읽으며 놀랐단다. 내가 이 책의 영향을 꽤나 받았더라고. 아빠가 앞서 다양성을 존중하되 역사적 선택을 해야 한다고 했었잖니? 그것을 나의 평소 주장이자 독자적으로 도달한 사상이라고 여겨 왔는데, 7장 "결론적인 비과학적 후기"(비학문적이라고 읽는 것이 더 나을 듯해. 아, 말이 나온 김에 학문으로서의 신학, 과학으로서의 신학에 대해 언젠가 이야기하고 싶구나)를 보면서 어딘가 비슷하다는 걸 알게 되었어. 그가 다양성과 다원주의라고 말한 것을 나는 상대성과 상대주의라 했고, 실존적 선택이라고 말한 것을 역사적 선택이라고 바꾸어 말해 왔더구나.

그는 특정한 한 모델만이 유효했던 것은 아니므로, 자기 입장을 절대화하지 말고, 역사적이고 상대적인 관점으로 제시하라고 누차 요구해. 모름지기 인간이란 유한하기 때문에 자신이 서 있는 위치에서 보지 않니. 그것이 절대적 숙명이지만, 가능성이기도 하지. 겸손하게 만들고 대화의 자리에 서게 하니까.

결정적 차이는, 그의 암묵적 선택이 전환론이라면 나는 대조 모델이라는 점이지. 그래도 니버가 고마운 것이 교회 역사에서 가장 불온한 이름의 대명사였던 아나뱁티스트들의 입장을 저 다섯 유형 중 하나로 배치했다는 거야. 윤리학자로도 유형론으로도 대선배요 원조 격인 에른스트 트뢸치는 교회 유형과 분파(sect) 유형으로 구분했거든. 그래서 지금도 많은 이들이 아나뱁티스트와 대조 모델을 분파로 몰아세우지.

"이 유형들이 서로 완전히 배타적인 관계가 아니라는 점과, 이 다양한 입장의 여러 지점에서 서로 화해하는 것이 가능하다는 점이 확실"(363쪽)해졌다는 말에서 볼 수 있듯이, 트뢸치에 비하면 분파로 축소시키지 않고 다섯 유형 중 대등한 한 가지 유형으로 상향 조정해 준 것만으로도 니버는 한결 품위가 있구나.

젠틀한 신사의 합리싱 아래 삼춰진 모종의 욕망과 의지가 작동하듯이, 그의 고상한 품격에도 그만의 입장이 우아하게 포장되어 있어. 전환론에 최종적 우위를 두는 구조, 대조 모델을 분리론이라고 명명한 것은 이 책을 상대적으로, 즉 비판적으로 읽게 하지. 하지만 누구에게나 자기만의 세계는 있는 법. 다만 그것을 자신의 위치를 분명하게 인식하고 드러내는 것을 선호하다 보니 비판적으로 읽히나 봐.

세상 한가운데 있지만, 세상과 구별되기 위한

세상이란 어떤 곳일까? 창조의 선함과 타락의 악함을 동시에 견지하는 방식, 세상과 거리를 유지하면서도 깊이 개입하는 방식은 무엇일까? 아빠는 대조론이라고 봐. 이스라엘은 애굽을 변혁하거나 전환시키지 않았고, 출애굽 했었잖니. 그들은 애굽적 삶의 양식으로부터 멀리 벗어나지. 비옥하고 풍요로운 땅이 아닌 척박하기 그지없는 광야를 거쳐서 개간하고 개척해야 할 좁고 황량한 땅, 가나안을 젖과 꿀이 흐르는 땅으로 만들어 가지.

구약의 초석적 서사인 출애굽에서 이스라엘은 세상을 변혁하려고 하지 않았을 뿐 아니라, 신약으로 넘어와서 우리 구원의 주요 창시자인 예수 그리스도께서는 유대 사회와 로마 사회의 개선을 위해 그다지 노력하지 않으셨다는 거야. 성서의 일관된 요청은 세상 한가운데 있으면서도 세상과 구별된 삶의 존재 양식을 개발하고, 그것이 기존 사회와는 뚜렷한 '대조'가 되어서 '대항'이 되고 '대안'이 되라는 것이거든. 그 주장에 가장 근접한 것이 대조 모델이라고 아빠는 확신해.

그런데 그 구별됨이란 유별남은 아니란다. 니버도 전환론과 대조론을 통합한 사례로 제시한 《디오그네투스에게》가 좋은 사례(330쪽)이지. 그리스도인이라고 해도 의복, 주택, 언어 등 관습에 관해서는 다를 게 뭐가 있겠니. 하지만 산상수훈이 말한 바, 원수를 사랑하고, 악을 악으로 갚지 않고 도리어 축복하는 것, 모두가 버린 사람과 함께하는 것, 바로 그런 점에서 그리스도인들은 그 사회에서 낯선 존재이지. 그래서 자기 나라에서도 외국인처럼 사는 처지가 된 거야.

코로나 사태를 겪으면서 교회가 보여 준 행태는 글쎄, 실망스러웠어. 대개 교회 자체의 존립에만 관심을 기울인다 싶더구나. 교회는 타인을 도움으로써 존립하는 존재인데 말이야. 예배를 온라인으로 전환하느냐, 온라인상에서 만찬이 가능하냐를 두고 갑론을박을 벌이는 것은 기독교답지 않아. 지금 같은 상황에서는 고통받는 지역과 이웃을 위해 가용 가능한 자원을 총동원해서 구제하고 봉사하는 것이 세계 속 기독교가 아닐까. 그것이 세상 한가운데 있지만, 세상과 구별되기 위한 최소치가 아닐까? 최대치는 아니더라도 말이야.

　다른 아빠에게도 아들이 있겠지만, 너는 내게 구별되고 유별나게 사랑하는 아들이란다. 교회란 무릇 세계 없이 존재할 수 없듯이 너로 인해 존재하는 아빠는 세계에 대한 너만의 이해를 기대하고 기다릴 참이다.

함께 읽고 싶은 책

리처드 니버, 《그리스도와 문화》, IVP.
리처드 니버, 《계시의 의미》, 대한기독교서회.
리처드 니버, 《교회 분열의 사회적 배경》, 종로서적.
리처드 니버, 《책임적 자아》, 한국장로교출판사.
작자 미상, 《디오그네투스에게—2세기 무명 교부의 신앙 해설》, 분도
　출판사.

18. '창백한 푸른 점' 위에서

케네스 월츠의 《인간 국가 전쟁》 읽기

지난 편지도 재미있게 읽었어요. 기독교 세계관에 대해 오랜 시간 숙고해 오신 아빠의 글에서 세상에 대한 기독교적 해석에 무게가 많이 실렸다는 게 느껴졌습니다. 언젠가 나올 아빠의 기독교 세계관 책도 기대가 되네요. 리처드 니버의《그리스도와 문화》를 다룬 아빠의 편지 후반부에서 인상적인 이 구절을 여러 번 읽었습니다.

세상이란 어떤 곳일까? 창조의 선함과 타락의 악함을 동시에 견지하는 방식, 세상과 거리를 유지하면서도 깊이 개입하는 방식은 무엇일까? 아빠는 대조론이라고 봐. 이스라엘은 애굽을 변혁하거나 전환시키지 않았고, 출애굽 했었잖니. 그들은 애굽적 삶의 양식으로부터 멀리 벗어나지. 비옥하고 풍요로운 땅이 아닌 척박하기 그지없는 광야를 거쳐서 개간하고 개척해야 할 좁고 황량한 땅, 가나안을 젖과 꿀이 흐르는 땅으로 만들어 가지.

세상을 변혁의 대상으로 보는 리처드 니버의 세계관을 서술하면서도 그와 거리를 두는 대조적 관점이 잘 드러나는 예시였어요. 세계라는 거대한 주제를 논할 때면 세계의 존재성을 묻는 형이상학적 논의로 가거나, 갈등과 안정을 반복하는 세계의 공간성을 탐구하는 사회적 논의로 가거나, 둘 중 하나를 택하게 되는 것 같아요. 처음에 세계를 고민하자고 이야기를 꺼냈을 때 평화학이나 윤리학에 관심이 많은 아빠이니 후자에 가까운 논의를 펼칠 거라고 예상했지요. 그에 맞춰서 저도 조금은 정치적 논의를 펼쳐 보려고 해요. 그런데 사실 철학이 다루는 '세계'는 다분히 형이상학적일 수밖에 없기는 해요. 세계의 근본적인 원리나 무한성, 영원성, 운동성 등을 다루는 철학적 주제가 대부분이잖아요. 그런데 저는 사실 그런 이야기를 읽을 때면 흥미로운 한편 어색할 때가 많아요.

이와 관련해서 영문학 수업을 들을 때 열띤 토론을 했던 일화를 하나 소개해 볼까 해요. 비평 수업에서 교수님이 칼 세이건의 '창백한 푸른 점'(pale blue dot) 이야기를 해주셨어요. 먼 우주에서 바라보면 이 지구도 창백한 푸른 점에 불과하다는 것이지요. 우리가 아는 모든 사람들, 그리고 그들과 엮이면서 있었던 그 무수한 투쟁과 불화도 사실 이 조그마한 점 위에서 일어났던 일이라고 말해요. 이야기 말미에 천문학을 공부하게 되면 사람이 겸손해진다는 칼 세이건의 이야기를 덧붙입니다. 인간의 오만을 천문학이 상대화한다는 거지요.

저는 그 이야기에 전혀 동의할 수 없었어요. 그 이야기가 인간의 오만함이 어디까지 치솟을 수 있는지를 보여 주는 좋은 사례라고 생각했거든요. 창백한 푸른 점에서 복작대며 살면서, 밖에서 찍은 사진 몇 장을 보고 나서 마치 우주적 관점으로 자신을 객관화할 수 있다고 여기는 사고방식이 오만이 아니면 뭘까요? 토론을 주고받다가 교수님이 저를 조금 이상하게 보시면서 대뜸 영문학과 학생이 맞느냐고 물으시더군요. 철학과라는 제 대답에 이어진 교수님의 중얼거림이 인상적이었습니다. "철학 전공하는데 왜 그러지?"

신현실주의란?

아빠가 더 잘 아시다시피, 소크라테스 이전의 자연철학자들의 물음, 곧 '세계는 무엇으로 이루어져 있는가?'로 시작된 학문이 철학, 구체적으로는 서양의 철학사잖아요. 세계의 숭고한 크기에 압도되고 매료되는 것이 철학의 자세인데, 저는 자꾸만 창백한 푸른 점에서 일어나는 일이 더 중요하다고 하니까 교수님의 입장에서는 의아하셨던 거죠. 이전에 제가 쓴 《금강경》 읽기'에서처럼 저는 신체의 구속으로부터 자유로운 해탈을 꿈꾸는 것도 인간이지만, 그 안에서 평생 살아야 하는 것도 인간이라는 이야기를 강조했잖아요.

그런데 이렇게 서론이 긴 이유가 있답니다. 철학이라면 검고 무한한 우주를 다루는 학문이기 마련인데, 저는 오늘 바람

잘 날 없는 '창백한 푸른 점'에 집중하고 싶거든요. 그런 의미에서 이번에 소개할 고전으로 케네스 월츠(Kenneth Neal Waltz, 1924-2013)의 《인간 국가 전쟁》을 골랐어요. 아빠도 처음 들어 보는 학자와 저서라고 하셨죠? 철학을 깊이 공부하는 사람들에게 물어봐도 처음 들어 본다는 얘기가 많았어요. 이 책이 철학도들에게 잘 알려지지 않은 이유는 간단해요. 철학책이 아니거든요. 그렇지만 세계의 존재성을 묻는 무수한 철학책보다도 저는 이 책이 '창백한 푸른 점'을 기술하는 데 아주 좋은 책이라고 생각해요. 《인간 국가 전쟁》은 국제정치학의 고전 중 고전이고, 그중에서도 신현실주의 사상의 뿌리와 같은 책이지요.

그럼 이제 국제정치학과 신현실주의가 무엇인지 짚어 본 다음에 본격적으로 월츠의 사상을 엿보도록 해요. 아주 거칠게 요약하자면, 국제정치학은 전쟁과 평화에 대한 학문이라고 할 수 있겠네요. 전쟁이란 무엇이고, 왜 일어나며, 어떻게 막을 수 있는지를 탐구하면서 동시에 전쟁이 없는 상태인 소극적 평화를 도모하는 것이 국제정치학의 목표입니다. 전쟁을 막고 평화를 유치하기 위한 전제 중, 인간의 본성 자체가 악하다는 현실주의가 냉전 초기까지는 지배적이었어요. 그런데 월츠의 신현실주의는 인간성과 같은 검증이 불가능한 방법을 지양하고 구조의 문제를 가지고 옵니다. 월츠 스스로 서문에서 밝히듯이 "세력 간의 균형이 인간이나 국가의 악의가 아니라 이 모든 국가들이 처해 있는 상황으로부터 초래된다는 점을 설명"(6쪽)하는 것이지요.

국제정치 현상을 파악하는 세 이미지

월츠는 세 가지 '이미지'를 통해 위의 주장을 입증하는데 여기서 이미지는 국제정치 현상을 파악하는 분석 틀 정도가 될 것 같네요. 책은 세 개의 이미지를 설명하고 각각의 예시를 역사적 배경에서 찾는 구조로 구성되어 있어요. 세 개의 이미지는 다음과 같고요. 첫째, 국제분쟁과 인간 형태. 둘째, 국제분쟁과 국가의 내부 구조. 마지막으로, 국제분쟁과 국제적 무정부 상태. 국제정치 현상을 파악하는 데 사용되는 모든 이론은 결국 이 세 이미지로 요약된다는 거지요. 그리고 방금 말한 것처럼, 월츠에게는 이 중에서 세 번째 이미지, 곧 국제적 무정부 상태가 가장 중요하고요. 그럼 이제 각 이미지들을 간단히 살펴보도록 해요.

국제관계에 대한 첫 번째 이미지를 따르자면 전쟁을 초래하는 주요 원인은 인간의 본성과 행태에서 찾을 수 있다. 전쟁은 이기심, 잘못 통제된 공격성, 그리고 어리석음에서 비롯된다는 것이다. […] 만약 이러한 것들이 전쟁의 근본 원인이라면, 전쟁의 근절은 반드시 인간 정신의 함양과 계몽, 혹은 사회심리적 안정을 통해서만 이룰 수 있다. (37쪽)

첫 번째 이미지는 전쟁이 발생하는 이유를 인간성에 대한 탐구와 연계하는 방식입니다. 인간이 폭력에 의존적인 존재라는 점을 전제로 하고 있지요. 제가 폭력이라는 주제를 다룰 때 홉스의 《리바이어던》을 읽으면서 인간 본연의 폭력성을 나름 분석해 보았던 것 기억나시죠? 게다가 월츠는 정의를 주제로 한 글에서 아빠가 다루었던 라인홀드 니버도 이 범주에 포함시키면서 이렇게 평해요.

국제관계 분야에서 학계의 어느 전문가 못지않은 깊이 있는 통찰을 보여 준 신학자 라인홀드 니버는 [···] 인간 본성에 대한 정확한 통찰 없이는 정치적 현실주의가 불가능하다고 주장한다. [···] 낙관론자들은 진보가 일직선상에서 항상 발전적 방향으로만 이루어지는 것이라 믿지만, 지식 발전과 기술 혁신의 모든 단계에는 선뿐만 아니라 악 또한 잠재되어 있는 것이 현실이라고 니버는 생각한다. 인간은 인간에 불과한 존재이면서 스스로를 신이라 생각한다. 악이 자리 잡고 있는 곳은 바로 인간 자아이며, 그 악의 속성은 인간의 오만으로 가늠해 볼 수 있다. (43-44쪽)

인간의 악함, 폭력성이라면 아빠와 제가 주고받은 편지에도 자주 등장한 주제잖아요? 그래서 그런지 월츠의 글을 읽으면서 가장 흥미롭게 읽었던 부분이기도 해요. 홉스나 니버뿐 아니라 우리의 첫 편지를 장식했던 아우구스티누스와 스피노자의 사상도 많이 인용되거든요. 그렇지만 월츠는 이러한 접근 방법의 한계를 명확히 이야기해요. 선과 악의 경계, 악한 인간의 선한 행동, 인간 본성과 국제정치 사이의 괴리 등 해결할 문제가 한둘이 아니기 때문이지요. 이 첫 번째 이미지는 가장 고전적인 분석이면서 가장 고전적인 한계를 보이고 있네요.

두 번째 이미지는 국가의 체제를 겨냥합니다. 국가가 어떤 체제를 선택하느냐가 전쟁 발발에 아주 큰 영향을 미친다는 얘기지요. 마르크스, 칸트, 윌슨에 대한 짧은 평을 들어 보죠.

마르크스는 일단 사회주의로 완전히 전이되면 국가는 곧 자취를 감출 것으로 믿었다. 그렇게만 된다면 전쟁이라는 문제는 더 이상 존재하지 않을 것이었다. 칸트는 공화정 국가는 국가 스스로 제정한 법률에 근거하여 외교관계가 통제되는 것에 자발적으로 동의할 것이라고 생각했다. 윌슨은 국가 간 상호이해의 개선, 집단 안보, 군비 감축, 그리고 국가들 간의 세계적 연맹체 결성 등 세계 평화를 위한 필수조건들을 다양하게 주장하였다. (124쪽)

아빠가 공부했던 레닌이 자본주의 국가들에 의한 '제국주의 전쟁론'을 주장한 것이나, 냉전 이후 민주주의 체제가 평화를 선호하는 경향이 많으므로 민주주의 국가의 수가 많아질수록 전쟁이 예방된다는 '민주평화론'도 두 번째 이미지에 포함되겠네요. 앞서 첫 번째 이미지에서 전쟁의 책임을 인간의 결

정에 돌렸다면, 이번에는 국가 내부의 체제에 따른 결정으로
돌리지요. 그런 만큼 비슷한 문제점을 공유하고 있어요. 정치
라는 현실 속에서 이상적인 윤리와 협동이 지나치게 중요해진
다는 것이지요.

　두 번째 이미지를 적극 수용하여 체제 간의 평화와 연합을
지향하는 국제기구들이 창설되었으나 월츠는 고개를 젓습니
다. "이들이 계획했던 국제기구의 유형은 그 목적을 달성하기
에 충분치 못한 것이었다. 국내 문제에서 빈번히 그러하듯 국
제 문제에서도 강제력을 통해 수행되는 역할을 이성으로 대체
하려 하는"(170쪽) 관점의 한계가 역사를 통해 여실히 드러났다
는 것이지요. 두 이미지가 공유하는 이러한 지점을 월츠는 계속
해서 비판합니다. "보다 평화로운 세상을 이루기 위해서는 인
간이 도덕적, 지적 견지에서든지 또는 사회심리적 행동양식에
서든지 간에 변화해야 한다는 공통적 인식에 기반"(40쪽)하는
분석 틀은 부적절하다는 것이지요.

　드디어 마지막 세 번째 이미지를 읽어 볼 차례네요. 월츠
는 이 이미지를, 아니 이 책 전체를 통해 무정부 상태가 전쟁의
주된 원인이 된다고 말하고 있어요. 모든 국가가 주권을 가지
고 있는데 국가보다 상위의 권위체가 없는 현실에서는 모두가
이기적으로 행동할 수밖에 없게 되잖아요. 제가 인상적으로 읽
고 아빠와도 많은 이야기를 나누었던 칼 슈미트의 예외 이론이
떠오르는 대목이기도 합니다. 법과 체제가 정지되는 혼란의 순

간, 곧 예외 상태에 발휘되는 힘이 진정한 힘이잖아요. 월츠는 이 무정부 상태가 가장 위험하다고 지적합니다.

무정부 상태에서는 자연적 화합이 존재할 수 없다. […] 국가는 어떤 목표의 성공 가능성을 검토한 후에, 평화를 통해 누리는 즐거움보다 그 목표의 달성이 더 중요하다고 판단되면 목표의 성취를 위해 무력을 행사할 것이다. 한 국가의 목표에 대해 최종 결정을 내릴 수 있는 것은 결국 자국뿐이기에 어떤 국가이든지 자국의 정책 실행을 위해 언제든 무력을 사용할 수 있다. […] 이렇게 본다면 국가의 불가피한 행동양식은 모든 국가들이 공통적으로 처해 있는 환경에 의해 결정되는 것이다. (222쪽)

모든 국가가 홉스적 의미에서의 완전한 절대 권력을 가지고 있으니, 국가들의 모임에서는 서로 반드시 부딪힐 수밖에 없는 것이지요. 제가 홉스를 읽을 때도 "그 무엇보다 강한 주권을 가진 국가라는 환상은 국제관계를 다루는 외교적 능력이 정치의 핵심인 21세기에는 유치하게 들리기도"한다고 썼잖아요. 그렇다면 반드시 충돌할 운명인 국가들이 서로 모여서 평화를 약속하면 어떨까요? 예상할 수 있듯이 월츠는 이러한 생각은 "순진무구한 이상주의적 접근방식"(235쪽)이라고 선을 긋습니다. 그렇다면, 국제정치라는 무정부 상태에 놓인 국가들 사이에서 평화는 아예 불가능한 것일까요?

여기서 월츠가 제시하는 답은 '세력균형'입니다. 이에 대한 논의는 월츠의 다음 저서이자 그야말로《인간 국가 전쟁》이상의 고전인《국제정치이론》에서 자세히 분석됩니다. 국가 간 힘의 균형이 서로가 서로를 건드리지 않게 되는 소극적 평화를 유치한다는 말이지요. 그래서 월츠는 양극 체제가 다극 체제보다 평화적이라는 분석을 내놓습니다. 한 대만 쳐도 치명상을 입힐 두 강대국이 으르렁대는 것이 춘추전국시대처럼 권력이 쪼개져 다투는 때보다 낫다는 얘기지요. 20세기 미소 냉전, 그리고 21세기 미중 갈등을 떠올려 보면 고민해 볼 거리이긴 합니다. 세계대전은 막고 있지만 양국의 싸움으로 인해 수많은 새우등이 터지는 걸 봤을 때 이걸 전쟁이라고 하기도, 평화라고 하기도 애매하긴 하거든요.

세계라는 방대한 대상

이제껏 편지를 주고받으면서 아빠의 고전과 제 고전 사이에 접점을 발견하기가 어려운 적이 많았지만, 이번만큼은 더더욱 어렵네요. 그럼에도 고민하고 공부하고 읽고 쓰다 보면 항상 신학과 철학을 아우르는 공통된 주제를 찾아서 아빠의 글과 제 글이 유기적으로 이어진다는 게 느껴져요. 그런데 이번은 다르다는 걸 아빠도 느끼시죠? 기독교 세계관의 문화론과 국제정치학의 구조론 사이에 연결고리를 억지로 만들 수야 있겠지만, 썩 구미가 당기는 정리가 나올 것 같지는 않아요. 그래서 아빠, 이번 편지만큼은 라인홀드 니버의 세계와 케네스 월츠의 세계를 멀찍이 떨어뜨려 놓고 읽어 보면 어떨까요? 그렇게 읽는 것이 오히려 세계라는 방대한 대상에 대한 분석이 어느 정도로 다양할 수 있는지를 반추해 볼 좋은 계기가 될 것 같기도 해요. 여하튼, 제 글이 창백한 푸른 점에 대한 아빠의 이해를 더 심화하는 데 도움이 되었는지 궁금하네요.

이제 어느덧 마지막 편지를 주고받을 때가 왔네요. 우리의 짧지만 긴 대화를 마무리하는 의미에서 마지막은 '학문'으로 토론해 보면 좋겠어요. 아빠와 저의 대화뿐 아니라 우리 각자의 글들도 결국 이 '학문'이라는 말놀음 안에 들어가 있으니 좋은 마무리가 될 것 같다는 생각이 들어요. 그럼 아빠, 이제 마지막 편지로 인사하게 되겠네요. 처음 편지를 기다릴 때처럼 설레는 마음으로 마지막 편지를 기다릴게요!

함께 읽고 싶은 책

케네스 월츠, 《인간 국가 전쟁》, 아카넷.
케네스 월츠, 《국제정치이론》, 사회평론.
이근욱, 《왈츠 이후》, 한울.

19. 신학한다는 것

프리드리히 슐라이어마허의 《종교론》 읽기

'창백하고 푸른 점'에 대한 너의 글을 읽고 놀랐다. 저 무한한 우주의 한 점으로 축소되는 지구와 인간의 작고 가여움에 대한 많은 토론을 뒤집는 면이 있더구나. 그래, 지구와 마찬가지로 인간은 XY라는 시공간 좌표의 한 점이 될 수 없는 고유한 가치가 있지. 이번에 아빠가 읽은 책은 그것과 직결되어 있단다. 팽창하는 과학의 역량 앞에 설 자리를 잃고, 설 자리를 찾는 신학의 응전에 관한 책이야.

너는 학문에 대한 대화로 마지막 글을 마무리하자고 했지. 신학 동네에는 '신학은 학문(Science, Wissenschaft)인가'라는 논쟁의 역사가 있단다. 어느 쪽이든 관건은 학문 또는 과학을 어떻게 규정하는가에 달렸겠지. '사이언스'라는 영어가 학문이면서도 과학이잖니. 근대적 맥락에서 자연과학적 엄밀성과 체계, 방법론을 가질 것을 신학은 강요받았지.

신학 동네의 반응은 두 입장으로 대별할 수 있어. 일반 학문과 신학의 공통성을 확보하려는 진영과, 반대로 신학의 고유성과 독자성을 강조하는 진영이지. 전자가 자연과학적 의미에 가까운 과학성을 확보하려고 무던히 애를 쓴다면, 후자는 그런 의미의 과학과는 무관하고 오히려 거리를 두려고 하지. 독일에서는 게르하르트 자우터와 판넨베르크가, 미국에서는 예일학파와 시카고학파가 대립한단다. 물론 그 사이에 다양한 스펙트럼이 존재하지만.

학문으로서 신학을 말하기 위해 근대적 의미의 신학을 정립한 학자를 골랐는데, 철학을 한다면 니체를, 신학을 한다면 이 사람의 이름을 쓸 수 있어야 한다는 우스갯소리가 있지. 프리드리히 다니엘 에른스트 슐라이어마허(Friedrich Daniel Ernst Schleiermacher, 1724-1804). 이름만 긴 게 아니라 그를 수식하는 표현도 그래. 근대 신학의 아버지, 해석학의 대가, 베를린 대학 설립자 중 한 사람, 플라톤 전집 독일어 번역자 등. 네가 말해 주었지. 그의 번역이 독일에서는 정본이라고.

이제 그가 30세에 쓴 《종교론》을 '신학론'으로 읽어 보려고 해. 근대에서 종교의 자리매김을 시도하고 성취한 것으로 평가받는 책이거든. 종교 대신 신학이라는 두 글자를 넣어도 아무런 걸림돌 없이 읽을 수 있어. 총 다섯 번의 강연 형태로 된 이 책 중 가장 중요하다는 평가를 받는 1장과 2장을 중심으로 핵심 문장을 인용해 가면서 시작해 볼게.

형이상학도, 도덕도 아닌 신학의 독자성

어쩜 이토록 탈근대적인 신학자가 있을까. 경이와 경탄의 눈으로 이 책을 다시 읽었다. 그런데 가장 근대적인 신학자가, 근대 신학의 아버지라는 영예로운 호칭과 함께 근본주의자들에게는 괴물이고 거의 사탄 취급을 받는 이 신학자가 너무나 현대적이어서 놀랐단다. 심지어 포스트모던하기까지 하다니!

슐라이어마허는 초지일관 종교의 고유성을 옹호해. 그는 신학의 내적인 힘과 자신만의 방식으로 자신의 존재 가치와 세계 내적 권리를 증명하려고 애를 쓴단다. 그에 의하면, 형이상학이나 도덕과 마찬가지로 신학도 "아주 고유한 방식으로 자신의 유용함을 스스로 입증해 보여야 한다"(42쪽). 종교와 신학이 형이상학이 된다면, 또는 형이상학의 도움으로 자신의 자리를 만들고자 한다면, 그것은 철학의 시녀가 되는 것이며 자기다움을 잃어버린 것이니까.

그런데 신학의 독자성을 변호하는 데는 그 배경과 이유가 있지 않겠니? 무릇 모든 주장은 치열하게 대립하고 대결하는 모종의 이념이 있으며, 또한 무엇인가를 극복한 다음 그 너머의 어떤 것을 지향하는 법이지. 슐라이어마허는 왜 신학의 독자성을 고집하는 걸까? 이는 근대라는 틀(frame) 때문이야. 근대란 네가 말한 '창백하고 푸른 점'과 연관되어 있단다. 즉, 근대에서 학문은 물질적 세계를 물질적 방식으로 해명하는 일이야. 근대의 방법론적 자연주의(methodological naturalism)는 신이라는 작업가설 없이 자연을 자연 그 자체로 설명하려고 해. 그렇다면 물질세계에서, 물질로 가득 찬 우주에서 비물질적 존재의 대명사인 '신'은 과연 어떤 방식으로 존재하며, 어디에 있는 걸까?

신학의 딜레마는 이런 것이었어. 신은 물질적이면서도 비물질적이고, 내재적이면서도 초월적이거든. 세계가 물질적이기만 하다면 말 그대로 '창백한' 삶 아니겠니. 그렇기에 기독교 신학은 신의 물질성과 함께 비물질성을 통해 이 세계의 자기 한계성을 치열하게 폭로한단다. 그럴 때 이 세계는 그저 차갑고 창백한 곳이지만은 않아. 나에게는 신의 내재성과 초월성이 결코 분리되지 않지만, 그렇다고 하나로 일치된다는 주장은 반대해. 둘은 하나이면서 그만의 독특성이 있기 때문이야.

그런 세계에서 신은 어디에 있을까? 슐라이어마허의 대답은 인간의 '감정'이라는 거였어. 신의 자리로서 감정은 물질적 인간이 지닌 비물질적인 것이라는 점에서 절묘한 위치 선정이었지. 감정은 한편으로 인간의 것이지 않니. 달리 말하면 내재적인 것이지. 동시에 근대적 의미에서 물질화할 수 없는 것, 좌표의 점으로 표시할 수 없는 복잡하고 복합적인 어떤 것이거든. 그렇게 함으로써 근대적이면서도 근대를 넘어서려는 탈근대적인 작업을 수행했던 거야. 근대적 상황에서 근대라는 테두리를 수용하면서도 반발하는 방식을 취한 셈이지.

그러면 이제는 그가 말한 감정을 설명해야겠지. 감정은 크게 두 가지로 해석되곤 해. 하나는 지(知) · 정(情) · 의(意)라는 서구적 삼분법 중 하나로서의 감정이고, 다른 하나는 지 · 정 · 의를 통일하는 것으로서의 감정이야. 감정으로서의 종교를 '지'로서의 형이상학, '의'로서의 도덕과 구별하려는 슐라이어마허의 집요한 노력으로 본다면, 지·정·의 중 한 요소로서의 감정이겠지. 그런데 지성과 의지를 넘어서는, 그러니까 비껴서거나 피해 가는 것이 아니라 그것을 뚫고 지나가는 것이라면, 그가 말한 감정에 분명 형이상학과 도덕적 요소가 없을 수는 없어.

그러나 형이상학과 도덕으로 환원되지 않는 종교의 독자성을 구축했다는 것만은 확실하게 말할 수 있겠다. 너는 이미 눈치 채고 있겠지. 슐라이어마허가 대결했던 형이상학자는 헤겔이고, 도덕 쪽은 칸트라는 것을. 칸트에게 신은 도덕적 신이고 종교는 도덕의 영역에 자리를 잡아야 하는 것이어서, 종교에 도덕이라는 멍에를 씌워 그 체계 속에 가두려고 해. 반면, 헤겔에게 신은 이성 그 자체이며 종교가 이성의 범주에서 벗어나지 않고 형이상학의 세계 안에 거주할 것을 요구하지.

형이상학이 된 신학, 도덕이 되어 버린 신학이라니! 정녕 신학에는 형이상학적 요소와 도덕적 측면이 있으며 그걸 부정하거나 망각하는 것은 신학의 핵심 요소를 빠뜨리는 일이지만, 그렇게 된 신학은 불구이거나 아예 신학이 아닌 그 무엇일 거야.

이는 내가 신학대학에서 강의할 때 늘상 토론하던 주제란다. 칸트·헤겔·슐라이어마허의 입장을 소개하고, 과연 종교란, 신학이란 지·정·의 중 어느 쪽에 해당하는지 토론하곤 했지. 너는 어떻게 생각하는지 궁금하구나. 종교와 신학뿐 아니라 철학은 무엇일까? 형이상학? 도덕? 아니면 그 무엇?

나는 나, 신학은 신학

무엇보다 신학은 신학이야. 신학은 신학 아닌 것이 아니고, 오롯이 그 자신이란다. 신학이 신학 아닌 것이 되고자 해서도 안 되고, 신학 아닌 것을 신학으로 마구잡이로 끌어와서도 안 되는 거지. 신학은 오로지 자기 자신일 때, 자기 자신이고자 할 때 신학인 거지. 이를 폼 나게 말하면 신학의 고유성 또는 독특성이라고 할 수 있겠다.

십수 년 전에 읽었던 이 책을 다시 넘기면서 놀라기도 하고 웃기도 했단다. 여백에 적힌 메모 때문이었는데 "어랏, 이건 완전히 반기초주의인데" 같은 글귀가 몇 군데 적혀 있더라. 이번에도 그런 생각을 하면서 읽었다. 반기초주의란 나를 나 아닌 것으로 번역하지 말자는 주장이거든. 슐라이어마허는 이렇게 말해.

나는 여기서, 종교를 다른 영역에 이식시켜 이것으로 하여금 거기서 봉사하고 활동하도록 하는 것은 곧 종교에 대한 가장 큰 멸시를 입증한다는 사실을 첨가하고 싶다. (42쪽)

신학을 신학 아닌 것으로 환원하려는 일체의 시도를 비판하고 종교를 종교 그 자체로 보자고 제안하는 거지.

희림아, 예전의 신학생들은 두 가지 콤플렉스가 있었는데, 하나는 영어고 다른 하나는 철학이야. 특히 철학에 관해서는, 신학의 기초가 철학이고 철학을 공부해야 신학을 제대로 이해할 수 있다는 생각이 있었어. 일견 일리 있는 말이야. 신학과 철학을 어디 간단하게 구분할 수 있겠니. 적어도 서양철학과 신학에서 말이야. 공부하면 당연히 유익하지.

그럼에도 당시 기독교철학을 강의하던 나는 고장 난 축음기처럼 되풀이 말을 하곤 했지. "신학은 신학이다. 신학 공부하면 신학 속에 철학도 있고, 역사도 문학도 있다. 신학을 제대로 공부하면 저것들이 다 들어 있다. 문사철 공부를 하지 말라는 말이 아니다. 신학생의 우선 과제는 신학 공부이다." 이건 지금도 변하지 않은 생각이야.《논어》와《군주론》을, 한나 아렌트와 르네 지라르를 틈틈이 읽는 아빠가 왜 이런 모순적 발언을 하느냐고? 모든 것은 각기 그 모양대로 존귀하기 때문이야.

왜 하나님의 이름이 야훼, 곧 '나는 스스로 있는 자'(I am who I am)일까? 희한하지 않니? 저 뜻은 '나는 나'인데……. 이름이 뭐 이럴까? 하나님의 존재에 걸맞은 아름답고 웅대한 이름도 많을 텐데. 그것은 나는 나일 때 '나'라는 말이고, 나는 너가 아니라는 거야. 나는 너의 노예가 아니라 자유인이라는 해방선언이며, 타인의 시선으로부터 자유롭게 살라는 주권선언 아니겠니. 하나님인 야훼가 나로 존재하듯, 너도 너로 존재하고 너답게 살라고, 당신을 그렇게 호명하도록 허락하신 게야.

슐라이어마허는 이런 논리를 실제 현장에서도 관철시킨단다. 그는 훔볼트와 함께 베를린 대학을 설립하는데(1949년 '훔볼트 대학'으로 개명), 나중에 헤겔도 이곳에서 강의했지. 설립 당시 신학부를 철학부에 편입시키자는 피히테의 노력을 슐라이어마허는 완강하게 반대했어. 신학은 철학이 아니니까. 신학은 신학이니까. 철학을 신학화한 게 중세의 오류라면, 신학을 철학화하려는 것은 근대의 오류이니까.

가톨릭과 개신교 신학

신학은 자기만의 정취를 지닌 고유한 학문인 동시에 직접성이라고 규정할 수 있어.

종교는 이러하다. 그것은 우주의 현존과 그 행위에 의한 직접적 경험 가운데 있으며, 개별적인 직관과 감정 가운데 머물러 있다. (63쪽)

이 문장에서 "직접적"이라는 단어에 주목해 보자. 이 단어는 신학의 대상인 신과 인간 사이에 그 어떠한 중재나 매개 없이 직접적인 만남을 추구한다는 뜻이란다.

　이와 관련해서는 슐라이어마허 자신의 정신사적 영향이 크게 작용했을 거야. 그는 개혁파 목사의 아들로 태어나서 아버지를 따라서 모라비안 경건주의의 영향을 받았단다. 이 운동은 진젠도르프 백작이 시작했으며, 딱딱하게 굳어 버린 유럽 정통주의의 지나친 이론 편향과 교리 중심, 제도 강화에 대해 강하게 반발하고, 실제적인 경건 생활과 실천을 강조했단다. 이들은 자연히 하나님과의 직접적인 만남을 추구하지.

　슐라이어마허는 이와 함께 시대사적으로는 낭만주의의 영향을 받았어. 신학적으로 경건주의가 정통주의에 대한 반발이라면, 낭만주의는 합리주의에 대한 반발이야. 이성과 윤리의 강조가 어째서 잘못이겠니. 다만, 그것이 사람을 따뜻하게 하지는 못한단다. 차갑고 냉랭한 인간을 만들기 십상이지. 논리적 체계를 세우다 보니 형식적인 데다, 그 시스템 안에 구겨 넣을 수 없는 인간의 열정은 또 어떡해야 할까. 저 둘의 영향으로 슐라이어마허는 감정과 함께 개별성과 직접성을 강조한 거지.

　그런데 나는 저 둘 말고 개신교 정신에 더 많이 주목한단다. 직접성과 주체성, 개별성의 강조는 개신교 신학의 정신이라고 봐. 개신교라 함은 가톨릭이 아니란 말이지. 하나님을 믿는 방식, 신학하는 방법이 가톨릭과 다르다는 뜻이야. 기독교라는 큰 범주 안에 있으니 동일한 하나님을 믿지만, 그 하나님을 조금 다른 방식으로 신앙하는 거지.

가톨릭 신학은 중재신학 또는 매개신학이라고 할 수 있어. 신과 인간의 만남을 중재하고 매개하는 어떤 것이 있다는 뜻이지. 여기에는 크게 사람과 제도, 이 두 가지가 있어. 사람이란 사제를, 제도는 성례전을 가리켜. 사제를 통하지 않고는, 그리고 사제가 집례하는 성례전을 통하지 않고는 하나님 앞에 나아갈 수 없다는 것, 하나님과 사람 사이에 또 다른 사람을 거쳐야 한다는 것이 바로 가톨릭시즘(Catholicism, 가톨릭주의)이야. 가톨릭에 항의하는 사람인 프로테스탄트는 하나님과 사람 사이에 어떤 깃을 두기를 거부하지. 하나님 자신인 분, 곧 예수 그리스도 외에는 말이야. 그분의 말씀인 성경 외에는 다른 것은 없어! 하나님을 알 수 있는 길은 하나님 당신이 스스로 열어 주신 길 외에는 어떤 길도 없다고 봐. 그것을 신학에서는 '계시'라고 하지.

종교개혁의 선언문에 해당하는 〈독일 그리스도인 귀족에게 고함〉에서 마르틴 루터는 교황의 권위에 도전하고, 사제의 권력에 반대하고, 성서해석의 독점권을 쟁취하는 데 목숨을 걸었어. 이 모든 요청을 하나로 묶는 키워드가 바로 '중재신학 비판'이야. 하나님이 아닌 어떤 것도 하나님과 사람 사이에 끼어들지 말라는 거지. 하나님께서 당신이 어떤 분인지 스스로 계시하셨기에 우리 인간 중 누구도 그 하나님을 독점할 수 없으며, 중간에 끼어든 그것은 우상에 다름 아니라는 거지. 하여, 교황을 가리켜 적그리스도라고 하는 무시무시한 발언도 서슴지 않았지.

　이를 더 철저히 밀고 나간 이가 키르케고르야. 그는 《그리스도교의 훈련》에서 이런 질문을 던지지. '우리는 1,800년이라는 역사적 간극을 뛰어넘어 1세기 예수 그리스도의 제자가 될 수 있는가'라고. 예수와 제자인 우리 사이에 사제와 제도는 물론이고 역사까지도 거추장스럽게 여기는 이 태도가 개신교의 스피릿이지.

　여기서 주의할 점이 두 가지 있어. 하나는 내가 말한 직접성은 인격성 또는 주체성을 말하는데, 영어로는 'personal'이야. 이 단어는 개인과 인격 두 가지 의미를 갖고 있으며 인격적 측면이 더 강하다고 봐. 그런데 둘이 함께 움직여야 하는데, 어느 하나로 기울기 쉽고 그 한쪽이 바로 개인이라는 거야. 다른 하나는 사제주의와 제도주의를 비판할 뿐, 사제의 역할과 권위, 제도와 공동체의 필요를 결코 부정하지 않는다는 거지. 교회라는 울타리와 역사라는 맥락을 배제한 극단적 개인주의는 신학의 파편화와 단편화에 지나지 않거든.

　나의 고민은 한국 교회는 한편으로 극단적 개인주의 신앙과 신학이, 다른 한편으로 가톨릭을 방불케 하는 경향이 난무하다는 점이야. 제도 교회에 대한 경멸과 수치, 분노를 느끼는 이들 중에 '개인 = 교회'라는 주장을 하는가 하면, 교단 총회장이 자신을 교황으로 착각한다거나 가톨릭의 사제주의보다 더한 목사중심주의가 횡행하고 있는 현실 말이다. 개신교회의 운명과 미래는 자기다움에 있다고 아빠는 확신해. 교권주의와 개인주의 사이, 권위와 개인의 가치를 동시에 확보하고 서로를 지지하는 것이 가능하지 않을까? 그런 방향을 제시하는 역할이 곧 신학 아니겠니.

희림아, 지난번 네 글을 보면서 아빠가 라인홀드 니버의 현실주의만 알고, 딱 그 수준에서 정치를 이해한 건 아닌가 싶더라. 최근 페이스북을 통해 미국과 유럽 등지에서 박사 과정을 공부하는 이들을 보면서 전혀 듣지 못한 학자와 새로운 관점과 정보를 접할리치면, 이세는 도저히 못 따라가겠다 싶다. 내 영역이나 파고들어야지 하는 자괴감도 들고.

나이 들수록 책을 읽고 젊은 친구들과 사귀라는 말이 있지. 담 쌓지 말고 열심히 귀동냥을 해서 나의 식견을 조금이라도 더 넓혀야겠다. 그 통로가 너여서 얼마나 좋은지! 학문에 대한 아빠의 생각, 특히 신학에 대한 나의 고루한 생각을 깨뜨려 주렴. 너의 마지막 글을 기대한다.

함께 읽고 싶은 책

프리드리히 슐라이어마허, 《종교론》, 대한기독교서회.
공자, 《논어》, 홍익출판사.
니콜로 마키아벨리, 《군주론》, 길.
쇠렌 키르케고르, 《그리스도교의 훈련》, 다산글방.

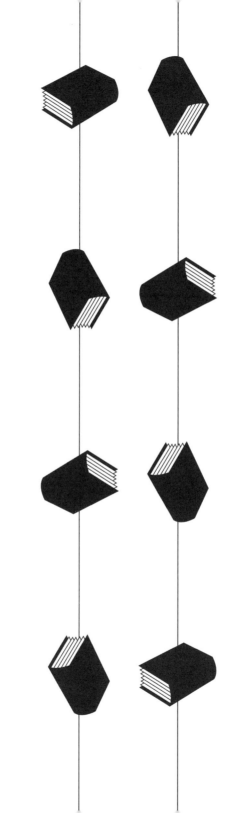

20. 철학한다는 것

에드문트 후설의 《엄밀한 학문으로서의 철학》 읽기

고전을 함께 읽고 나누는 아빠와 저의 대화도 이제 어느덧 마지막에 이르렀어요. 책을 통해 철학과 신학을 아우르는 다양한 주제들을 논해 왔는데, 마지막 주제는 역시 '학문'으로 귀결되네요. 지난 편지에 쓰신, 종교는 종교의 방법으로, 신학은 신학의 방법으로 접근해야만 한다는 이야기도 즐겁게 잘 읽었습니다. 지극히 마땅한 이야기로 들리지만, 사실은 학문하는 사람들이 가장 고수하기 어려운 원칙이잖아요.

저만 해도 텍스트를 다룰 때 제 경험과 주관에 빗대어 읽거나 다른 철학자의 주장과 비교하며 읽으면 읽기도 쉽고 서평을 쓰기도 쉬웠어요. 그런데 그 텍스트의 구조와 주장을 존중하면서도 내재적 논리를 철저하게 비판적으로 검토하면서 읽으면 난이도가 수직 상승하더라고요. 심지어 소화하기 벅찬 글을 읽을 때는 그 글의 논지를 대강 파악한 후 그와 대척점에 선 글을 찾아서 비교하면서 보기도 했는데, 어떤 면에서는 고난도의 글을 가장 빠르고 쉽게 읽는 방법이겠지만 정직하지 않은 독서라고도 할 수 있겠지요.

그런데 책 한 권도 그 안에 들어가서 우직하게 읽어 내기 쉽지 않은데, 어쩌면 책 한 권, 아니 책의 한 줄을 제대로 규명하기 위해 인생을 바쳐야 할지도 모르는데, 하물며 신학을 신학의 방법으로 철학을 철학의 방법으로 연구하기는 얼마나 어려울까요? 아빠가 슐라이어마허를 인용하며 언급한 '형이상학과 도덕에 물들지 않은 신학의 고유성과 직접성'은 사실 모든 신학자에게 가장 도전적인 과제일지도 모르겠단 생각이 들었어요. 이는 곧 이전까지의 신학이 얼마나 타락했는지에 대한 간접증거이기도 하고요.

이 편지에서 제가 소개할 고전, 에드문트 후설(Edmund Husserl, 1859-1938)의 《엄밀한 학문으로서의 철학》도 신기할 만큼 비슷한 주장을 하는 책이에요. 많은 사람들이 하이데거는 들어봤어도 그의 스승 후설의 이름은 모르더라고요. 그렇지만 후설이 창시한 철학의 줄기인 '현상학'을 언급하지 않고서는 현대 철학의 흐름을 잡기는 어려울 거예요. 수학자 출신의 후설은 철학이라는 학문을 인식론적으로 새롭게 해석하는 혁명적인 시도를 감행한 철학자였어요. 유대인이었던 그는 히틀러 시대의 그림자를 견디지 못하고 대단히 불행한 말년을 보냈지요. 아빠는 반기초주의를 언급하면서, 나를 나 아닌 것으로 번역하지 말라고 했지요? 아마 후설이 자신의 철학을 아우르는 입문서처럼 쓴 이 책을 읽어도 분명 고개를 끄덕이실 거예요.

철학은 '아직' 학문이 아니다

아빠는 슐라이어마허가 근대성에 비판적이라고 했지요?
"근대에서 학문은 물질적 세계를 물질적 방식으로 해명하는 일
이야. 근대의 방법론적 자연주의는 신이라는 작업가설 없이 자
연을 자연 그 자체로 설명하려고 해." 그에 더해 그러한 근대
적 형이상학을 구축한 헤겔에게 책임을 돌리기도 하고요. 우연
의 일치인지, 후설의 작업도 이와 완전히 동일합니다. 우선 후
설은 철학이 아직 학문이 아니라는, 철학도가 듣기에는 신선한
이야기를 꺼냅니다.

철학이 '아직' 엄밀한 학문으로서 발걸음을 내딛지 못했다
는 것은, 철학하는 이들 모두가 동의할 수 있는 보편적인 진리
가 단 하나도 없다는 것만 보아도 알 수 있다는 것이지요. 후설
은 이 책의 가장 첫 구절에서 "철학은 그 최초의 출발 이래 엄
밀한 학문이 되고자 하는 요구를 지녀왔다"(17쪽)고 했어요. 처
음 이 책을 펼쳤을 때 그 요구를 철학이 어떻게 실현해 왔는지
를 철학사적으로 개괄할 것이라고 예상했는데 후설은 제 예상
을 깨고, 도리어 유구한 철학사를 거치면서도 이 요구가 실현
된 적이 없다는 정말 과격한 이야기로 논의를 시작하더라고요.

그렇지만 철학의 엄밀함을 실현하려는 의지가 그 긴 역사
동안 없었던 것은 아니지요. 소크라테스, 플라톤, 데카르트, 칸
트 등에 의해서 결정적인 전회(轉回, turn)가 있었던 것은 사실입

니다. 그런데 후설은 어떤 한 사람에 의해서 그 시도들이 힘을 크게 잃었다고 지적해요. 바로 헤겔입니다.

슐라이어마허도 헤겔의 철학을 극복하려고 했는데 신기한 우연이지요? 후설은 헤겔이 수립하려고 했던, 모든 것을 포괄하는 거대한 철학의 체계가 오히려 철학의 비판정신을 해치려 했다고 지적하고 있어요. 후설에 따르면 철학은 '사물 그 자체로'(zur Sache selbst) 돌아가야만 하거든요. 그러나 헤겔의 이러한 백과사전적이고 정밀한 철학은 두 가지 사조를 낳았습니다. '자연주의'와 '역사주의'인데, 이 두 가지 사조가 철학의 엄밀함을 어떻게 해치는지를 풀어내는 것이 이 책의 내용입니다.

물리적 법칙은 물리적인가

우선 자연주의를 살펴볼까요? 근대에 이르러 자연이, 더 정확히는 자연을 구성하는 법칙들이 발견되었지요. 그 자연 법칙들이 세상 모든 것을 다 해석할 수 있고 예외를 허용하지 않는 것을 자연주의라고 할 수 있겠는데요, 후설은 이를 큰 문제라고 지적합니다.

아빠는 '신이 어디에 있느냐'는 질문에 슐라이어마허가 '인간의 감정'에 있다고 대답한다고 했지요? "신의 자리로서 감정은 물질적 인간이 지닌 비물질적인 것이라는 점에서 절묘한 위치 선정"이라고요. 또한 이러한 감정, 신적 영역들을 물질화하여 가치를 떨어뜨리는 것이 근대의 방법론적 자연주의고요. 후설의 지적도 이와 같아요. 자연주의가 인간의 인식, 의식, 심리적 영역 등 물리적 자연으로 간주될 수 없는 존재 영역을 물리적 자연으로 파악하려는 시도라는 거예요.

후설은 그에 더해 자연주의가 갖는 또 하나의 모순을 지적합니다. 가치론과 윤리학을 부정하는 자연주의가 도리어 가치론적이고 윤리학적이라는 거지요.

온 세상이 물리적 법칙으로만 이루어져 있다는 관점은 물리적이지 않지요. 제가 퍼트남의 《이성, 진리, 역사》를 읽으면서도 썼지만, 상대주의는 상대주의로 인해 깨질 뿐입니다. 후설은 자연주의의 이런 상대주의적이고 회의주의적이며 환원주의적인 모습을 계속해서 지적합니다. 이후 후설은 심리학주의를 인용하면서 대상성과 의식의 문제에서 자연주의가 어떤 한계를 갖는지를, 후설의 철학에서 아주 중요한 '지향성'을 설명하면서 논합니다. 이는 너무 철학적인 내용이니 조금 넘어가서 이제 역사주의에 대한 비판을 살펴볼까 해요.

진리에 대한 정직한 열정

자연주의는 자연에 의한 재발견에서, 역사주의는 역사에

대한 재발견에서 시작되었습니다. 자연주의가 자연에 흐르는 법칙들을 지나치게 강조했다면 역사주의 또한 역사성에 특정한 가치를 부여하지요. 후설은 딜타이의 생철학을 서술하면서 역사주의를 비판하는데 저는 딜타이에 대한 논의는 생략하고 이야기해 볼게요. 우리는 세계에 태어나서 살면서 수많은, 어쩌면 지나치게 많은 정보를 마주하게 됩니다. 그리하여 우리의 생(生)은 그 복잡다단한 정보들을 통일적으로 해석하기 위해 질서를 갖춘 골격을 갖게 됩니다. 그러면서 세계의 모순적인 측면들을 일의적(一義的)으로 파악하기 위해 어떤 관점을 갖기 미련인데, 그것이 바로 세계관이지요.

사실 저는 이 역사주의, 세계관 철학이라는 것이 당연한 이야기로 들렸어요. 역사의 흐름에 맞는 무수한 정보들이 쏟아지면 그것을 통일적으로 파악하기 위해 우리 마음속에서 어떤 관점을 만들어 내는 것. 뭐라 덧붙일 말이 필요할까 싶을 만큼 상식적인 해석이잖아요. 그런데 당연한 상식일수록 반성하기 힘든 것도 사실이지요. 후설은 이 상식에 제동을 겁니다. 철학이 본연의 엄밀함을 되찾기 위해서는 이 일반성을 탈피해야 하니까요.

역사는 고정적이고 객관적인 진리가 존재하지 않는다는 것을 스스로 증명합니다. 그래서 역사의 말을 들으면 안 된다는 것이 후설의 이야기예요. 후설에 따르면, 역사에 등장한 적 없고, 설령 등장하지 않을지라도 보편적인 진리가 분명히 있기 때문이지요. 그래서 결국 역사주의와 세계관 철학도 상대주의의 안락함을 벗어나지 못했다고 해요. 저는 이 부분을 읽을 때마다 후설의 엄밀함에 대한 진지한 모습이 참 인상적으로 느껴져요. 이제까지도, 앞으로도, 그 누구도 마주할 수 없다고 하더라도 분명히 존재하는 진리에 대한 정직한 열정은, 누군가는 순진하다고 비웃을지라도 한편 존경심이 들 수밖에 없으니까요.

참 재밌어요, 철학이라는 게

마지막 편지이자 철학이란 무엇인지를 논하는 중요한 글에서 후설의 《엄밀한 학문으로서의 철학》을 읽은 건 저 나름의 의미가 있어요. 아빠도 잘 아시다시피, 저는 고등학교 때 리처드 도킨스의 《이기적 유전자》를 읽고 크게 매료된 후 그와 비슷한 사회생물학·진화심리학 서적들을 정말 미친 듯이 탐독했어요. 인간은 유전자의 생존을 위해 잠시 쓰이는 기계에 불과하고, 모든 인간적 활동들 역시 유전자의 보존과 전달을 위한 수단에 불과하다는 도발적인 주장은 고등학생인 저를 생물학 환원주의에 빠져들게 하기 충분했지요.

그러다가 《실재의 사회적 구성》과 같은 사회학 서적들을 접하고 생각이 완전히 뒤바뀌게 되었죠. 우리가 접하는 모든 실재들이 사실은 나와 세계의 소통을 통한, 주관성과 객관성이다 결합하여 이루어진다는 내용을 읽었던 거예요. 인간이 육체적인 동물성의 한계와 유전자의 영향력을 벗어날 수는 없지만, 그럼에도 인간은 끊임없이 다른 주체들과의 교류 속에서 동물적인 모습을 극복하기도 하고, 유전자의 영향력을 재해석하기도 한다는 것을 깨달았어요. 기억나시죠, 아빠? 고등학교 2학년에서 3학년까지 그 짧은 시간 동안 너무 많은 사상적 충격을 받았던 저는 그래서 철학을 전공하고자 마음먹었잖아요. 이 멈추지 않는 의심과 혼란을, 철학이라는 학문은 인정해 줄 거라고 생각했으니까요.

그렇게 철학과에 들어가서 후설을 전공하신 교수님의 수업을 듣게 되었죠. 고등학생 때는 이름만 들어 본 후설을 교수님이 수업 시간에 자주 인용하시니 읽어 보기로 했어요. 두껍고 어려운 책은 저 같은 새내기에겐 어려울 듯해 후설 철학을 개괄하는 얇은 책을 골랐는데, 바로 《엄밀한 학문으로서의 철학》이었죠. 이 책을 다 읽고 덮으면서 저는 실소를 터뜨리지 않을 수 없었습니다. 고등학생 때 빠져들어 저를 철학도의 길로 이끈 두 사상, 사회생물학으로 대변되는 자연주의와 사회학이 보여 주던 역사주의를 철학을 위기에 빠뜨리는 사조로 지적하는 후설의 글을 철학도가 되자마자 읽었으니 기분이 얼마나 묘했겠어요?

그런데 바로 그런 점 덕분에 저는 철학을 더 좋아하게 되었어요. 인류사적인 천재들이 그 뛰어난 두뇌로 쌓아 놓은 사유의 질서들을 누구라도 철저하게 부정하면서 도전할 수 있다는 점, 젊은 철학도인 저에게 이것만큼 매력적인 게 없거든요. 앞서 인용한 후설의 말처럼 철학은 그 태초부터 엄밀함을 추구했지만 여태껏 단 한 차례도 그 엄밀함을 달성한 적이 없다는 그 과격한 언설마저도 존중된다니 참 재밌어요, 철학이라는 게.

여하튼 그렇게 시작하게 된 철학 공부를 짧은 시간이지만 즐겁게 열심히 붙들고 있으면서 읽은 열 권의 책을 아빠와 나눴네요. 이제껏 주고받은 편지들을 다시 들춰 보면 아쉬움도 있지만, 뿌듯함도 커요. 한 권 한 권 학문사에 기념비적인 책들인데 이 책들과 씨름하면서 무엇보다도 제가 정말 많이 배웠거든요.

어느새 아빠와 주고받은 스무 통의 편지를 마무리할 때가 되었네요. 이제 더 이상 아빠의 신학 편지를 읽을 수 없다는 게 아쉽지만, 앞으로도 계속, 언제나, 아빠와 저는 마음이 담긴 편지를 주고받을 거잖아요. 그럼 이만 줄일게요. 아빠, 항상 고맙고, 응원하고, 사랑합니다!

함께 읽고 싶은 책

에드문트 후설, 《엄밀한 학문으로서의 철학》, 지식을만드는지식.
리처드 도킨스, 《이기적 유전자》, 을유문화사.
피터 L. 버거 외, 《실재의 사회적 구성》, 문학과지성사.

맺음말

"여보, 희림이 원고 다 썼대요?"

"엄마, 아빠 원고 다 쓰셨어요?"

이에 딸도 덩달아 한마디 거듭니다.

"아빠, 오빠는 이번에도 잘 썼지?"

"오빠, 아빠는 이번에도 또 늦어?"

매달 초가 되면 아들과 저는 엄마/아내를 통해서, 동생/딸을 통해서 서로의 안부를 물었습니다. 우리 부자의 한계 없는 의심은 한이 없고, 성역 없는 토론은 끝이 없지만, 원고 마감 시간은 쏜살같이 달려왔습니다. 글 쓰는 이의 심정을 알기에 우리는 서로에게 직접 말하지 못하고, 애꿎은 아내를 사이에 두고 말을 건네곤 했지요. 각기 제 방에 틀어박힌 모습을 흘깃하며 이심전심으로 씩 웃거나 안타까운 마음으로 그저 바라볼 뿐. 그런데 이제는 솔직히 말할 수 있게 되었네요. "여보, 우리 희림

부전 자전 고전

이가 책을 참 잘 썼네요." "엄마, 아빠가 책을 또 한 권 썼어요."

책을 마무리하면서 많은 분이 생각납니다. 아내와 딸은 보이지 않는 작가입니다. 부자지간의 대화를 더없이 흐뭇한 시선으로 응원하면서도 때로는 남들이 쉽사리 말하지 못하는 것들을 따끔하게 지적해 주었지요. 날카로운데 아프지 않고, 찌르는데 베이지 않는 일침이었습니다. 아내와 딸에게 마음 다해 사랑을 전합니다.

매달 초 집 떠난 탕자가 돌아오기를 기다리는 아비의 심정으로 저희 원고를 학수고대했을 월간 〈복음과상황〉 옥명호 편집장에게도 감사합니다. "희림이와 제가 《부전 자전 고전》 원고를 결국 다 썼어요!" 우리 두 사람만의 장점을 간파하여 대화가 편지가 되고 책이 되도록 설계하고 공간을 마련하고 부채질해 주어서 이 책이 생겨났습니다. 공교롭게도 저와 아들 모두 〈복음과상황〉을 통해 글쟁이로 데뷔를 했네요. 이 잡지가 더욱 발전하기를 진심으로 기원합니다.

우리 부자의 책읽기의 가치를 인정하고 출판을 결정해 주신 홍성사 정애주 대표님과 식구들께 감사를 드립니다. 아울러 이 책을 기꺼이 추천해 주신 분들께도 머리 숙여 인사를 드립니다. 추천사를 받아들고 몸 둘 바를 모르겠습니다. 그렇게 되라는 당부의 말씀으로 귀하게 받습니다.

아들과 저는 이 책을 쓰는 동안 주제와 고전을 선정하는 단계에서부터 많은 대화를 나누었습니다. 식탁담화가 따로 없었지요. 아빠가 먼저 질문을 하고 아들이 답변하는 형식을 취하자는 것은 제 생각이었고, 열 개의 주제 선정과 흐름은 아들의 작품입니다. 아들은 제게 성경을 꼭 포함시킬 것을 주문했습니다. 아빠가 목사이니, 고전 중의 고전인 성경을 우리의 고전 읽기에 넣어야 한다고 고집했습니다. 아빠의 장점을 살리라는 뜻도 있었지만, 그리스도인인 우리가 다른 어떤 고전보다도 성경을 텍스트로 읽어야 한다는 당찬 신념의 표현일 테지요.

때로는 제가 고른 고전에 아들이 불만족을 표해서 다른 책으로 바꾸기도 했지요. 청소년 시절에는 제게 묻더니, 청년이 되어서는 대화의 파트너이자 조언자가 되었습니다. 다들 다음 세대를 걱정하는데, 우리 기성세대나 걱정해야겠습니다. 모든 시대는 자기만의 문제가 있고, 자기만의 방식으로 돌파하는 법이니까요. 청년들'에게' 말하기보다는 청년들'과' 말을 했으면 합니다.

그 말 건넴의 시작과 매개가 이 책이었으면 하는 바람을 품습니다. 처음 기획한 저희 부자의 편지는 끝났지만, 이것이 마중물이 되어 많은 부모와 자녀들이 대화를 나누고 편지를 주고받기를 기대합니다. 또한 이 땅에, 교회 안에, 수다한 독서모임이 생겨나길 꿈꿉니다. 초대교회 때처럼, 종교개혁 때처럼, 소수의 신자 무리들이 삼삼오오 모여 같은 책을 읽고 신나게 떠들고 먹고 마시고 웃는 그런 모습은 상상만 해도 달달합니다.

마지막으로, 저자의 마음과 독자의 자리에서 거친 초고를 읽고 매만져 준 김기형 목사와 최병유 목사, 글 쓰는 목사가 담임목사인 것을 자랑스러워하고 응원과 지원을 아끼지 않는 로고스교회 가족들, 책 읽고 글 쓰는 미래의 작가 산실인 로고스서원 제자들, 인문학의 힘을 믿고 위기 청소년을 위한 '희망의 인문학'을 열렬히 응원해 주시는 후원자님들에게 사랑한다는 말을 전합니다.

독자 여러분에게도 안녕과 안부를 건넵니다. 이 책을 읽은 데서 멈추지 말고, 여기에 소개한 텍스트를 꼭 읽어 보시기 바랍니다. 책을 읽고 읽으면 나 자신이 누군가에게 읽힐 만한 책이 된답니다. 다윗이 그랬거든요. 주야로 성경을 묵상했던 그가 성경을 살아내고 성경인 시편을 기록했으니까요. 독자들이 경전과 고전에 푹 빠진 '그 책의 사람들'이 된다면, 우리 두 사람은 더 바랄 것이 없겠습니다.

2020년 10월 마지막 날에

김기현

부전 자전 고전: 아버지와 아들, 책으로 말을 걸다
A father and his son read classics

지은이 김기현 · 김희림
펴낸곳 주식회사 홍성사
펴낸이 정애주
국효숙 김경석 김의연 김준표 박혜란 오민택
오형탁 임영주 주예경 차길환 허은

2020. 11. 18. 초판 1쇄 인쇄   2020. 11. 27. 초판 1쇄 발행

등록번호 제1-499호 1977. 8. 1.
주소 (04084) 서울시 마포구 양화진4길 3   전화 02) 333-5161   팩스 02) 333-5165
홈페이지 hongsungsa.com   이메일 hsbooks@hongsungsa.com   페이스북 facebook.com/hongsungsa
양화진책방 02) 333-5161

ISBN 978-89-365-1463-1 (03230)